अल्फाजो की गठरी

अनुज गिरी

क्रम-सूची

क्रम-सूची

क्रम-सूची

क्रम-सूची

लेखक का परिचय

अनुज गिरी

नाम - अनुज गिरी

पिता का नाम - श्री इंद्रपाल गिरी, जो कि एक छोटे से व्यापारी है।

मां - श्रीमती संगीता गिरी, जो कि कुशल गृहणी है।

जन्म - बुंदेलखंड की माटी में उत्तरप्रदेश के बाँदा जिले के छोटे से कस्बे तिंदवारी में दिनांक 29 सिंतबर 1994 में हुआ।

रुचि - कविताएं लिखने में रुचि पिछले 20 सालों से है, और ये कुमार विश्वास, राहत इंदौरी आदि जैसे महान कवियों को आदर्श मानते हुये इतनी व्यस्तताओं के बावजूद लिखने के लिए समय निकाल ही लेते हैं। जब भी कोई अच्छी रचना

बन जाती है। मन को बहुत सुकून मिलता है और इसी सुकून को अपनी रचनाओं में खोजता रहता हूँ , लखनऊ जैसे शहर में भागदौड़ भरे जीवनशैली में साहित्य बिखेरने की पुरजोर कोशिश में लगे रहते हैं और शब्दों की माला हमेशा जपते हैं।

नोट

इस पुस्तक में प्रकाशित सभी रचनाएं सभी रचनाकार की स्वरचित हैं। यदि कोई रचना किसी अन्य लेखक की पायी जाती है तो उसमें संपादक मण्डल या पब्लिकेशन वालों की कोई जवाबदारी नहीं होगी। प्रत्येक रचना की जिम्मेदारी स्वयं रचनाकार की है। यदि किसी रचना को लेकर कोई विवाद होता है तो उसके लिए रचनाकार ही अंतिम रूप से जिम्मेदार होंगे।

इंजीनियर लक्ष्मी तिवारी "यूट्यूबर"

1

तमन्ना थी कि हम उनकी नज़र में खास बन जाते,
कभी उनके लिए धरती कभी आकाश बन जाते।
अगर वे प्यास होते तो हृदय की तृप्ति बनते हम,
अगर वे तृप्ति होते तो अधर की प्यास बन जाते।
समय की चोट से आहत हृदय यदि टूटता उनका,
परम विश्वास बनते या चरम उल्लास बन जाते।
भिगोती जब किसी की याद पलकों के किनारों को,
उमड़ते प्यार में डूबा हुआ, अहसास बन जाते।
समय की चाल पर जो ज़िन्दगी की हारते बाजी,
जीतने के लिए उनको तुरुप का ताश बन जाते।
पड़े होते अगर वीरान में बनकर कहीं पत्थर,
वहाँ हर ओर उनके हम मुलायम घास बन जाते।
दिखाई हर तरफ उनको ये अनुज ही देता,
बिठा कर केंद्र में उनको परिधि या व्यास बन जाते।।

2

ऐसा एक वक्त था जब हम किसी पे मरते थे,
भुला के अपने आप को हम भी प्यार करते थे।
आईने के सामने हम खुद को रखा करते थे,
देखते थे खुद को और खुद ही हँसा करते थे।
सुंदर सी एक लड़की थी जिससे रोज बात करते थे,
उसकी तस्वीर सीने से लगा कर प्यार किया करते थे।
मिलने को तड़पते थे देखने को तरशते थे,
एक ऐसी लड़की थी जिसपे जां निसार करते थे।
उसको भी हमसे प्यार होगा ऐसा हमने सोचा था,
प्यार कोई खेल नही ये लोग हमसे कहते थे।
हमने ये सब सोच न बस प्यार प्यार करते थे,
तोहफे में हमने उससे बस हाथ उसका मांगा था।
और हम करते भी क्या जो प्यार बेशुमार करते थे,
उस दिन हमने जान लिया अपना प्यार एक तरफा है।
उसको हमसे प्यार नही हम जिसपे मरते थे,
दिल तो मेरा बच्चा था जो प्यार उससे कर बैठा।
उसने हमको मार दिया हम जिसपे मरते थे...
My heart touching love story
Because... My whole life for you...

वो जज़्बे सैलाब बना कर, भेज रहा है कागज़ पर।
नाव का मैंने एक ज़ख़ीरा, भेज दिया है कागज़ पर।।
बरसों मेरे दिल की ज़मीं पे नक़्श रहा है इक सहरा,
जो गुलशन तुम देख रहे हो, नक़्ल बना है कागज़ पर।
चेहरे वो दस बीस दिखा कर मुझसे मिल कर लौट गया,
मैंने हँसता चेहरा बना के, भेज दिया है कागज़ पर।
आँखों में है कितनी शिकायत, होंठों पर गुफ़्तार भी है,
सारे गिले-शिकवों का ख़ाका खींच दिया है कागज़ पर।
मेरे हैं कुछ ख़ास मज़ामीन, ख़ास तसव्वुर हैं मेरे,
मैंने उन्हें अशआर बना कर रक़म किया है कागज़ पर।
कोई इशारा मत कर हमदम, लफ़्ज़ों को मत ज़हमत दे,
तेरी मंशा है वो अपना, हाल लिखा है कागज़ पर।
टुकड़े-टुकड़े जोड़ के शब भर तेरी याद मुकम्मल की,
तुझसे बिछड़ने का आख़िर इक, लम्हा बचा है कागज़ पर।।

4

आपके लिए रख ली हमने जाँ हथेली पर।
हुक्म हो तो ले आऊँ आसमाँ हथेली पर।।
आँधियों जिसे हम ने अज़्म से जलाया था।
वो चराग़ ए उल्फ़त है जो फ़शाँ हथेली पर।।
तुम को मेरी बातों का किस तरह यक़ीं होगा।
क्या निकाल के रख दूँ मैं जुबां हथेली पर।।
कार ए ग़ैर मुमकिन को कौन कर सका मुमकिन।
क्या उगाओगे सरसों तुम मियां हथेली पर।।
मेरा दर्द चुभता है उस की बूढ़ी आँखों में।
देखती है जब छाले मेरी मां हथेली पर।।
ऐ अनुज करना है सब को सामना उस का।
जो लिखा है किस्मत ने इम्तिहां हथेली पर।।

5

ख्वाबो में देखे कुछ लम्हो को शब्दों का रूप...
सुहाने मौसम में तेरी गोद मे सर रख के सो जाऊ,
वो समय वही पर रुक जाए और मैं ख्वाबो में खो जाऊ।
तू मदमस्त बेफिक्र अपना पल्लू लहराए,
और बस मैं तुझमे घुल के सो जाऊ ।
"""जब एक लड़के की जिंदगी में कोई लड़की आती है """
मिल गयी है मुझे वो मल्लिका, जो मेरे हक़ में कलमा पढ़ा करेगी।
जाएगी हर मंदिर - मस्जिद, गुरुद्वारा और चर्च, करेगी कुछ भी
लेकिन दुआ बस मेरे लिए करेगी।
रात में सोने पर ख्वाब उसका कुछ भी हो, लेकिन हर ख्वाब में
पहला ख्वाब वो मेरा देखेगी।
और जगे भले ही सबसे बाद में वो ,लेकिन सुबह का पहला दीदार
वो मेरा ही चाहेगी।
करूँगा प्यार उसको मैं उसके प्यार से ज्यादा, ताकि रास्ते मे मुझे
देख "वो मेरा आशिक़ जा रहा है" अपनी सहेलियो से कहेगी।
मैं इस प्यार में ऐसा कोई वादा नही करूँगा कि जिसके टूट जाने में
वो खुद को कोसेगी।
बस अपनी फितरत कुछ ऐसी कर दूंगा उसके सामने, मैं सिर्फ उसे
ही चाहूँगा वो सिर्फ मुझे ही चाहेगी।
दुनिया मे भले ही नफरत ही नफरत फैली हो, होगी जिस महफ़िल में
वो वहाँ बस प्यार की खुशबू आएगी।
""और आप गृहस्थ जीवन के लिए""
मुझे तो उस चाय से भी नशा हो जाता है, जिसमे इलायची वो अपने
दांतों से तोड़ कर मिलाएगी ।

मेरा पेट रोटी के उस एक निवाले से ही भर जाएगा, जिसके लिए आटा
वो अपने नरम हाथों से लगाएगी।

मेरा जीवन उस दिन तो पूर्ण ही हो जाएगा, जब वो मेरे चुन्नू-मुन्नू,लड्डू
और कन्हैया जैसे बच्चो को अपने हाथों से नहलायेगी,

और सज संवार कर उनको (यानी बच्चो को) जब माथे में चाँद का
काला टीका लगाएगी ।

और हाथों से ले बलाए उनकी खेल में खुद बच्ची हो जाएगी।

फिर सुबह नहा के जब जल्दी में ऑफिस के लिए निकलूंगा,

मैं एक हाथ मे दही की कटोरी, एक हाथ मे टाई दौड़ कर लाएगी ।

खिलाकर दही और लगाकर टाई, मुझे शाम को घर जल्दी आने को
चिल्लाएगी ।

मैं गाड़ी में बैठ शीशे से उसको देखूँगा और वो बालकनी से हाथ हिलाएगी।
मिल गयी है मुझे वो मल्लिका...।।

किसी को बे-रुखी तड़पा रही है।
किसी को सादगी तड़पा रही है।
किसी को हुस्न ने अपना बनाया
किसी को ओढ़नी तड़पा रही है।
तेरा महबूब होगा चाँद-सा पर
हमें तो साँवरी तड़पा रही है।
बड़े ही बावले हो तुम "अनुज"
तुम्हें तो बावली तड़पा रही है।

7

चाह नहीं मैं बनूँ डॉक्टर, मरीज़ों से पीटा जाऊं...
चाह नहीं मैं बनूँ आईएएस, स्कैमों में लपेटा जाऊं...
चाह नहीं मैं बनूँ मास्टर, हर ड्यूटी करता जाऊं...
चाह नहीं मैं बनूँ इंजीनियर, सर-सर कहता जाऊं...
मुझे बनाकर एक विधायक, उस होटल में देना तुम फेंक!
सूटकेस में ऑफर लेकर, नेता आएं जहाँ अनेक।

8

नारी का यौन शोषण निरंतर देश में हो रहा है।।
कानून कोई सुरक्षा नारी को देने में हमेशा
असमर्थ रहा है।।
नारी जिसका देश में सम्मान होना चाहिए।
जिस नारी के सम्मान की बात स्वयं ईश्वर ने
कही है।।
लगता है वह पहले भी अबला थी और आज
शिक्षित होने के बाद भी अबला ही है।।
हवा में हो गई उसकी चीखें गुल।
सरकार करे विचार, जनता में रोष फूल।।
जनता में रोष फूल बोले न्याय करो न्याय करो।
न्याय रक्षक कहे, नारी संभलकर चलो।।
संभलकर चलो निकलो वहाँ से जहाँ हो सीसीटीवी।
अनजान से बात मत करो तुम हो बहु बेटी बीवी।।
बहु, बेटी बीवी न्याय के लिए कपड़े पहनो पूरे।
पीछे पड़ जायेंगे वहशी यदि पहने अधूरे।।
अधूरी मानसिकता के साथ न्याय पालक दे रहे शिक्षा।
लगता नारी की नहीं बलात्कारियों की कर रहे सुरक्षा।।
सुरक्षा में फेल पुलिस, न्याय का लम्बा चक्र।
घटना पर सर खुजाये पुलिस, रेपिस्ट करे फक्र।।
रेपिस्ट करे फक्र नेता बांटे नारी ज्ञान।
दो दिन सब चिल्लाये फिर मौन हो जाये हिन्दुस्तान।
मौन हो जाये हिन्दुस्तान, मौन हो जाती चीखें।
तरीका बस एक बताते कि बचके रहना सीखें।

बचके रहना सीखे, खौफ में रहने की डालें आदत।
कानून और पुलिस आपकी ना कर सके हिफाजत।।
हिफाजत होगी भगवान भरोसे, जपते रहो नाम।
पुलिस की भी करेगा सुरक्षा आपका राम नाम।

९

इंसान जरूरत पड़ने पर जब इंसान के काम ही ना आये
ऐसे इन्सान के पास तो भगवान् कभी भी न जायें,
फिर खून का रिश्ता जुड़ जाएगा पहले तुम रक्तदान करो।
व्यर्थ न जाए की हुयी नेकी, कर्मों के फल भी मिलते हैं
बच जाए एक इंसान तो जाने कितने ही चेहरे खिलते हैं,
किसी मरते हुए अनजान को आज तुम एक जीवन दान करो
फिर खून का रिश्ता जुड़ जाएगा पहले तुम रक्तदान करो।
पहचाने दर्द जो दूसरों का वही तो सच्चा इंसान है।
कोई छोटा-मोटा काम नहीं, ये दान तो बहुत महान है।,
करके यह दान इंसानियत का ऊँचा नाम करो
फिर खून का रिश्ता जुड़ जाएगा पहले तुम रक्तदान करो।
जात-पात है। इंसानों में, रक्त की कोई जात नहीं
रक्त की कमी से मरते को, इस से बड़ी कोई सौगात नहीं
बिना किसी स्वार्थ के तुम अपनी ये सोच बलवान करो
फिर खून का रिश्ता जुड़ जाएगा पहले तुम रक्तदान करो।
रिश्ते हैं कई इस दुनिया में, जिनसे हम हैं अनजान नहीं
पर किसी भी रिश्ते का आज करता कोई सम्मान नहीं,
अपनी इस छोटी कोशिश से, एक नये रिश्ते का ऐलान करो
फिर खून का रिश्ता जुड़ जाएगा पहले तुम रक्तदान करो।

10

रक्त दान हम सब करे, तन को चंगा पाय।
खुद को होवे लाभ जी, दूसर जान बचाय।।
डॉक्टर हर दिन ये कहे, मानव होत महान।
पर हितकारी ध्यान में, करे रक्त का दान।।
जान बचे है। तीन की, दान करे जब एक।
भले काम को सब करे, कहते बात हरेक।।
नर नारी के देह में, दस यूनिट का रक्त।
ए बी सी ओ नाम है।, ज्ञान रहे हर वक्त।।
खून रहे जब अल्प तो, मानव तन घबराय।
मानुष का तन ठीक हो, डॉक्टर खून चढ़ाय।।
रुधिर दान को तब करे, तन ना आवे आँच।
महा दान को जब करे, रक्त खूब हो जाँच।।

11

अक्सर ऐसा क्यों होता है कि हम
जिससे ज्यादा उम्मीद रखते है।
वो साथ तो होता लेकिन कही न
कही हमे हमारे अकेलेपन का
अहसास जरूर कर देता है। ।
आंसू दिखा तो नही सकते मगर
वो अंदर से रुला देता है। ।
भावनाये कभी समझता ही नही
और आशाओ का गला दबा देता है।
क्यो वो हमें अकेलेपन का
अहसास दिला देता है।

12

सुना है तुम्हारे चाहने
वाले बहुत हैं।
ये इश्क़ की मिठाई सब
में बांट दी तुमने।।
वह सचमुच बड़ी पक्की
डोर है तेरी बेवफाई की।
सुना है रकीब की पतंग
काट दी तूने।।
कुछ तो जला होगा
यू बेवजह धुआ तो न हुआ होगा।
जिसे डरते हैं ख्वाब में
देखने से भी वो हादसा
हकीकत में जैसे हुआ होगा।
मेरे हाथ कांपते हैं उसकी
तस्वीर को छूते हुए।
ए दोस्त वो गैर के साथ
हम बिस्तर कैसे हुआ होगा।
और होकर हम बिस्तर गैर से
इठला कर जो तू आ रहीं हैं।
दूर चली जा मुझसे तुझसे
रकीब की बू आ रही है।
इतना क्यों सजाया है खुद को,
कुछ अलग बात है क्या?
इतने करीब क्यू आ रही हो

हिज्र की रात है क्या?
घर में बहुत चहल पहल है,
खुशियों की सौगात है क्या?
यह क्या देख रही हो खिड़की
में से तुम्हारी बारात है क्या?
बिस्तर से खुशबू जानी
पहचानी सी आ रही है।
मेरे गुलदस्ते के गुलाब है क्या?
बहुत पेचीदा हो तुम कान्हा
वो खुली किताब है क्या?
तुमने कुछ अलग बात नहीं
वो नायाब हैं क्या?
कहती है सो रंग है तुम्हारे
वो बेनकाब है क्या?
और फाड़ आयी हो मेरी
मोहब्बत की वसीयत को
अब वो मुझसे भी क़ीमती
कागज़ात है क्या?
कहती हैं कि तुमसे ज्यादा
प्यार करता है।
उसकी इतनी औक़ात है क्या?
और रकीब का सहारा लेकर
कान्हा को भुला दूंगी
तेरा दिमाग खराब है क्या?
यह कैसा सितम था उनका
कुछ पलों की मोहब्बत के लिए
मुझे सालों आजमाया गया।
उन्होंने पहले मेरी फांसी मुकर्रर कर दी
अदालत मुझे बाद मे ले जाया गया।

13

रोज डे को रोज दिया तुमको प्रपोज किया
प्रेम की डगर धर सुकोमल पग दे।
हेलो माई डियर तू प्यार वाली रोशनी से
मेरी जिन्दगानी को भी कर जग मग दे।
तुझे खुश रखने को यह वेलेंटाइन् मुझे
रोज नया अवसर अलग-अलग दे।
प्रिये मेरी बात मान आशिक को पहचान
आज हग डे है। मेरी जान आके हग दे।

सरसों के खेत में ही प्रथम दीदार हुआ
प्यार परवान चढ़ा पीपल की छाँव में ।
पोखरे के तीर बैठ कर गन्ना चूसते थे
इश्क़ सैर करता था नदी बीच नाँव में ।
भावना सुलगती थी शाम को अलाव बीच
मौन न मुखर हुआ बन्धन थे पाँव में ।
हम आये शहर तो वो भी ससुराल गयी
बाक़ी बचा सरसों का खेत खाली गाँव में ।

15

रात है चांदनी है तू मजबूर क्यों है।।
सब है यहां पर तू ही दूर क्यों है।।
पी नहीं मैंने तू पूछ ले साकी से,
फिर छाया मुझ पर सुरूर क्यों है।।
हर कोई पूछता है कहानी मेरी,
फिर अफसाना तेरा मशहूर क्यों है।।
खामोश था इश्क मेरा अब तलक,
ज़माने में मचा इतना शोर क्यों है।।
यूं तो लिखता नहीं नाम तेरा आवारा,
चर्चा शहर में इतना मशहूर क्यों है।।

16

हर तरफ एक रौनक सी छाई हुई है।
खबर है, मोहल्ले में आज वो आई हुई है।
उसके पैरों को, लग ना जाए जख्म कोई
उनकी राहों में पलकें अपनी, बिछाई हुई हैं
जीत जायेंगे उनको हम, यकीन है हमें
कई बार हमने किस्मत अपनी हराई हुई है।
जमाने का क्या है, दुश्मन रहा इश्क का सदा
इस बार हमने दांव पर जान लगाई हुई है।
मुंह मोड़ ले बेशक, ए हवाओं तुम हमसे
उनकी सांसे इस दिल में समाई हुई है।

17

मेरे शब्द सोक क्रन्दनो का गान नही,
मेरे शब्द टूटते हृदय की जान भी नही ।
मेरे शब्द प्रमिका का प्रेम नही गाएंगे,
मेरे शब्द राग फाग भी नही सुनाएंगे,
मेरे शब्द इन भुजाओ की करे आरती ,
मेरे शब्द तो कहेंगे माँ भारती माँ भारती ।
मेरे शब्द बात कह रहे बहुत करीब की ,
मेरे शब्द कह रहे रोटियां एक गरीब की ,
मेरे शब्द आँशुओ की आग में भुने हुवे ,
मेरे शब्द द्रोहियो के सामने तने हुवे ।
मेरे शब्द राष्ट्र चेतना का एक द्वंद हैं ।
मेरे शब्द तीन रंगों के सदैव संग है।
मेरे शब्द देश के कलाम को एक सलाम है।
मेरे शब्द देश के युवाओं की एक पुकार है।
मेरे शब्द शत्रुओं में शब्द का प्रहार है।।

18

हम तिरंगे के लिए मरते रहे जीते रहे,
देश भक्ति के फ़टे दामन सदा सीते रहे ।
तीन रंगों का समागम देख कर जिंदा रहे,
इन्ही रंगों पर लड़े आपस मे सर्मिन्दा रहे ।
धर्म की पुस्तक पढ़ी लेकिन तिरंगा न पढ़ सके,
और न ही हम उदाहरण एकता का कर सके ।
आईये मिल कर नया वातावरण जिंदा करे,
देश मे बन्धत्व का एक आवरण जिंदा करे ।
देखिए सुंदर तिरंगा तीन रंगों को लिए,
उड़ रहा आकाश में कईयों उमंगों को लिये ।
तीन रंगों के सभी मायने मालूम है।
और उन रंगों की विश्व भर में धूम है।।
त्याग केशरिया धवल भी शांति का आभास है।
और हरा रंग उन्नति की आश का आकाश है।।
उन रंगों के बीच मे एक चक्र सुंदर है। बना,
इसमें 24 तीलियों का आयतन भी है। घना ।
जानते है। आप भी इन तीलियों का अर्थ क्या,
क्यो बनाया है। इन्हें और इनकी है। सामर्थ्य क्या ।
तो सुनो 24 नियमो की ये है। नियमावली,
इनको अपना ले तो नित्य हो दीपावली ।
अर्थ, नीति, न्याय अपनाए क्षमा की रीति हो,
सामर्थ्य, सेवा, भाव, संयम, सेवा के संग प्रीति हो ।
त्याग और अधिकार के संग कर्तव्य को धारण करे,
समता, व्यवस्था, संगठन, कल्याण का चारण करे ।

सुरक्षा, उद्योग के संग नीति सहकार्य हो,
शक्ति, और बन्धत्व अपनाए नियम अनिवार्य हो ।
तीन रंग 24 गुण अनुबंध से परिपूर्ण हो,
संकल्प हो आधार में तब तो तिरंगा पूर्ण हो -2 ।

19

सब कातिल है भारत माँ के, माँ किस किस को नादान कहू,
बेटी जल जाए सड़को पर तो कैसा हिंदुस्तान कहू ।
जहाँ नंगे बदन किसान मरे, कचड़ा खाकर इंसान मरे,
न झुके हिमालय की ऊंची चोटी, बेटी की कीमत बस दो रोटी ।
जहाँ नोच नोच खाई जाए भारत माता की हर बोटी ।
पत्थर पूजे हमने नदिया पठार सब पूजे है।
तरु विपत मनुज नारी दिनेश पर्वत दिगार सब पूजे है।।
लेकिन उनको न पूज सके जो सृष्टि की जग माता है।
सड़को पर लुटती खुले आम भारत भाग्य विधाता है।।
संयमी हमी हम योगी थे सारे जग के प्रतिरोधी थे,
निश्छलता के थे उदाहरण सात्विक थे परम वियोगी थे ।
लेकिन संयम कैसे टूटे हम काम के हाथों हुवे विवस,
जिन हाथों से दुष्कर्म हुआ, थी उनकी आयु चार दिवस ।
जिन होठो का सूखा न दूध जो दिखते थे भोले भाले,
वो फूल सभी तोड़े हमने जो उपवन को महकाने वाले ।
उल्टी करतूतों में है। देश हमारा जूझ रहा,
घर की देवी न पूज सके प्रतिमाओं में देवी पूज रहा ।

20

तो आगे आने वाले युग मे सारा जग नग्न कहा जायेगा,
अब तो ये अनुशरण करना होगा,
भारत की प्रत्येक नारी को कौशल्या बनना होगा
और बनना होगा गंगा, यमुना, प्रेम का नीर बहाने को,
भारत जिनको भूल गया वो संस्कार सिखलाने को,
सिखलाने को मर्यादाएं तुम अनुसुइया का रूप धरो,
और बता दो धर्म नियम सीता मईया का रूप धरो ।
तुम धार लो रूप राधिके का जिससे उद्धार श्याम का हो,
तुम धारो रूप भवानी का जिससे अवतार प्रभु राम का हो ।
तुम रख लो रूप जगदम्बा का जिससे दुश्मन घबरा जाए,
तेरा चंडी रूप देख दुश्मन घुटनो में आ जाये ।

21

कुछ रहे न रहे फर्क नही संस्कारो में पानी हो,
बेटे अब्दुल कलाम से हो सीता सी बिटिया रानी हो।
दुष्कर्म, दहेज, छेड़छाड़ की समस्या ही मर जाएगी बस,
लड़को में थोड़ी लाज और बिटिया थोड़ी मर्दानी हो ।
विश्व गुरु सदा अपनी विद्या वेदों में प्रखर था,
ऋषि महात्माओ से जहाँ हुआ मोती शिखर था।
कभी यह झांसी की रानी अनुसुइया माई थी,
कभी यहाँ स्वयं भवानी सीता बनकर आयी थी ।
कभी यशोदा सी माता ने भगवान दुलारे है।
कभी शेखर और सुभाष से दहकाये अंगारे है।।
तब समाज मे यही चलन था यही बात समायी थी
सम्पूर्ण स्त्री जाति भी माताओ की अनुयायी थी ।
किंतु सभी सद्भाव भुला हम क्लेश कर बैठे है।
भारत वंश की मिट्टी को मिलकर विदेश कर बैठे है।।
देश मेरा बीमार पड़ा और कई बीमारी है।
विश्व सुंदरी चुनने में सुंदर तस्वीर हमारी है।।
ये सुंदरिया कुछ भी कर ले कुछ खास नही कर पाएंगी,
सीता अनुसुईया जैसे इतिहास नही रच पाएंगी ।
क्या नारी के सर्वस्व गुणों का सुंदरता ही माप दंड है।
क्या सुंदरता ही सब कुछ है। सुंदरता ही केवल अखंड है।।

22

भरी जवानी में कायरता मत ओढो,
तुम सबमे सूरज से प्रबल ताप दिखना चाहिये,
जब भी कोई बहन लाचार दिखे,
तो तुममे राणा प्रताप दिखना चाहिये ।
जो सुख के आनंद भवन में रहते हैं
जिनको होता संघर्षों वाला मर्ज नही,
वो उसी भवन में मरे मौत गुमनामी की,
वो लोग कभी भी इतिहासों में दर्ज नही ।
बलवान करेंगे राज सदा इस धरती पर
इतिहासों की पंक्ति पंक्ति ये कहती है।
निर्बल होकर जीने से अच्छा है मर जाना,
निर्बलता केवल भंगी बनकर रहती है।।
छोड़ कर बासुरी को अब चक्र धारण करो जी,
की विपदा है। बड़ी इसका निवारण करो जी ।
धरा की आन खतरे में दुशासन बढ़ गए है।
अस्मत लूट कर मानेंगे ज़िद पर अड़ गए है।।
यहां पर भीष्म और द्रोणा न भी चुप्पी साध ली है।
और राजाओ ने आंखों में पट्टी बांध ली हैं ।
खोल दो अब ये पट्टियां रोक लो अपराध को,
लूटने से बचा लो बेटियां न हवा दो विवाद को ।
।

23

कुछ रहे न रहे फर्क नही संस्कारो में पानी हो,
बेटे अब्दुल कलाम से हो सीता सी बिटिया रानी हो।
दुष्कर्म, दहेज, छेड़छाड़ की समस्या ही मर जाएगी बस,
लड़को में थोड़ी लाज और बिटिया थोड़ी मर्दानी हो ।
विश्व गुरु सदा अपनी विद्या वेदों में प्रखर था,
ऋषि महात्माओ से जहाँ हुआ मोती शिखर था।
कभी यह झांसी की रानी अनुसुइया माई थी,
कभी यहाँ स्वयं भवानी सीता बनकर आयी थी ।
कभी यशोदा सी माता ने भगवान दुलारे है।
कभी शेखर और सुभाष से दहकाये अंगारे है।।
तब समाज मे यही चलन था यही बात समायी थी,
सम्पूर्ण स्त्री जाति भी माताओ की अनुयायी थी ।
किंतु सभी सद्भाव भुला हम क्लेश कर बैठे है।
भारत वंश की मिट्टी को मिलकर विदेश कर बैठे है।।
देश मेरा बीमार पड़ा और कई बीमारी है।
विश्व सुंदरी चुनने में सुंदर तस्वीर हमारी है।।
ये सुंदरिया कुछ भी कर ले कुछ खास नही कर पाएंगी,
सीता अनुसुईया जैसे इतिहास नही रच पाएंगी ।
क्या नारी के सर्वस्व गुणों का सुंदरता ही माप दंड है।
क्या सुंदरता ही सब कुछ है। सुंदरता ही केवल अखंड है।।
यदि नैतिकता से आगे सौंदर्य को माना जायेगा,
तो आगे आने वाले युग मे सारा जग नग्न कहा जायेगा,
अब तो ये अनुशरण करना होगा,
भारत की प्रत्येक नारी को कौशल्या बनना होगा ।।

और बनना होगा गंगा, यमुना, प्रेम का नीर बहाने को,
भारत जिनको भूल गया वो संस्कार सिखलाने को,
सिखलाने को मर्यादाएं तुम अनुसुइया का रूप धरो,
और बता दो धर्म नियम सीता मईया का रूप धरो ।
तुम धार लो रूप राधिके का जिससे उद्धार श्याम का हो,
तुम धारो रूप भवानी का जिससे अवतार प्रभु राम का हो ।
तुम रख लो रूप जगदम्बा का जिससे दुश्मन घबरा जाए,
तेरा चंडी रूप देख दुश्मन घुटनो में आ जाये ।
सब कातिल है। भारत माँ के, माँ किस किस को नादान कहू,
बेटी जल जाए सड़को पर तो कैसा हिंदुस्तान कहू ।
जहाँ नंगे बदन किसान मरे, कचड़ा खाकर इंसान मरे,
न झुके हिमालय की ऊंची चोटी, बेटी की कीमत बस दो रोटी ।
जहाँ नोच नोच खाई जाए भारत माता की हर बोटी ।
पत्थर पूजे हमने नदिया पठार सब पूजे है।
तरु विपत मनुज नारी दिनेश पर्वत दिगार सब पूजे है।।
लेकिन उनको न पूज सके जो सृष्टि की जग माता है।
सड़को पर लुटती खुले आम भारत भाग्य विधाता है।।
संयमी हमी हम योगी थे सारे जग के प्रतिरोधी थे,
निश्छलता के थे उदाहरण सात्विक थे परम वियोगी थे ।
लेकिन संयम कैसे टूटे हम काम के हाथों हुवे विवस,
जिन हाथों से दुष्कर्म हुआ, थी उनकी आयु चार दिवस ।
जिन होठो का सूखा न दूध जो दिखते थे भोले भाले,
वो फूल सभी तोड़े हमने जो उपवन को महकाने वाले ।
उल्टी करतूतों में है। देश हमारा जूझ रहा,
घर की देवी न पूज सके प्रतिमाओं में देवी पूज रहा ।
देव लोक की अम्भा रंभा का अनुसरण छोड़,
इतिहास बनाने हेतु पद्मनी बन जाना,
जब चंद भेड़िये तुम्हे लूटने आये तो,
उनके वध हेतू तुम सिंहनी बन जाना ।

24

दर्द और ग़म में डूब कर भी मुस्कुराना ख़ुशनसीबी है।
तेरी यादों को गले से लगाना हमारी ही ख़ुशनसीबी है।।
जो वो साथ-साथ तो लम्हों की धड़कन कौन गिनता,
गुज़रते वक़्त जितना मिला तो हमारी ख़ुशनसीबी है।।
हमारे आंसुओं में आज भी तस्वीरें सिर्फ़ तेरी रहती,
हमारी आँख में वो प्रेम का ख़ज़ाना ख़ुशनसीबी है।।

25

किस का भय है। किसका डर है।,
चोरों की बस्ती में घर है।।
अमृत पीकर मरने वालों,
जो विष पीता वो शंकर है।।
शेष नहीं ईमान अगर तो,
यूँ समझो सब गुड़ गोबर है।।
दरिया को कब सहरा कर दे,
बहुत बड़ा रब बाज़ीगर है।।
ढूंढ रहा है। जिसको बाहर,
वो कबसे तेरे अंदर है।।
कम हैं इसको सुनने वाले,
लगता ये उम्दा शायर है।।
ये जो आंखों में है पानी,
ये अपना असली ज़ेवर है।।
जिस दिन उल्फ़त से उल्फ़त की,
उस दिन से ही सुख बेघर है।।
इतनी सी बस दुनिया अपनी
मैं हूँ और मेरा दिलबर है।।
चाहत जिसकी 'अनुज' बहुत हो,
मिलता नहीं वही अक्सर है।।

26

बहुत चाहा मगर इक़रार तुमसे कर नहीं पाया।
कभी मैं चाह कर भी बात लेक़िन कर नहीं पाया।
अधूरा मैं, अधूरी तुम, अधूरा प्यार का क़िस्सा,
मोहब्बत का अभी इज़हार तुमसे कर नहीं पाया।
कई देखीं सुधा मैंने कई विनती भी देखीं हैं,
बहुत ढूंढा ज़माने में मगर चंदर नहीं पाया।
कलेजे को तेरे बेशक़ मगर मैं तर नहीं पाया।
लगाए ज़ख़्म जो दिल पर उन्हें मैं भर नहीं पाया।
जमाने और तुझसे भी मिले थे ज़ख़्म जो मुझको,
बहुत मुद्दत से उनको भर रहा हूँ, भर नहीं पाया।
हुए हैं हादसे भी साथ मेरे जानलेवा पर,
बिना उस मौत के लेक़िन कभी मैं मर नहीं पाया।
यहाँ तुमसे मिला हूँ तो अभी ये जान पाया हूँ,
बहुत देखा मगर तुम सा यहाँ 'सागर' नहीं पाया।

27

एक वक्त था कि तुझसे बेइंतहां प्यार करता था

अब तो तू खुद मोहब्बत बन चली आए तो

मुझे फर्क नहीं पड़ता

एक वक्त था जब तेरी परवाह किया करता था

अब तो तू मेरे खातिर फना भी हो जाए तो

मुझे फर्क नहीं पड़ता

एक वक्त था कि तुझसे बेइंतहां प्यार करता था

एक वक्त था जब तुझे हजारों मैसेजेस लिखा करता था

और कोई काम न था मेरा

बस दिन भर तेरा लास्ट सीन देखा करता था

अब तू सुन ले

अब तो अरसा बीत गया है। वीजीट किए हुए तेरी पुरानी प्रोफाईल को

जा-जा अब तू चाहे 24 घण्टे ऑन्लाइन रहले अपने नये आईडी पर,

मुझे फर्क नहीं पड़ता

एक वक्त था कि तुझसे बेइंतहां प्यार करता था

एक वक्त था जब तुझसे बिछड़ जाने का डर लगा रहा था

और तू कहीं छोड़ न दे

इस ख्याल में मैं सहमा-सहमा सा रहता था

लेकिन अब सुन तू ले इतना जलील हुआ हूं तेरी इश्क में

इतना जलील हुआ हूं तेरी इन रोज-रोज की छोड़ने-छाड़ने की बातों से कि

अब तू एक क्या

सौ मर्तबा छोड़ जाये तो

मुझे फर्क नहीं पड़ता

एक वक्त था कि तुझसे बेइंतहां प्यार करता था

एक वक्त था जब तुझ बिन एक पल न रह सकता था

बेचैन गुमशुदा अकेलेपन से डरता था

लेकिन अब तू सुन ले

कि इतना वक्त बीता चुका हूं इस अकेलेपन में कि

अब तो ताउम्र तन्हां रहना पड़ जाये तो

मुझे फर्क नहीं पड़ता

एक वक्त था कि तुझसे बेइंतहां प्यार करता था

एक वक्त था जब तुझे कोई छू लेता तो मेरा खून खौल उठता था

और इसलिए मैं इन हवाओं से बैर पाला करता था

अरे अपने हुस्न के सिवा कुछ नहीं है। तेरे पास अगर

तो जा-जा तू किसी के साथ हम बिस्तर भी हो जाए तो

मुझे फर्क नहीं पड़ता

इतना गुरूर किया तूने अपने इस मिट्टी के जिस्म पर तो

जा-जा ये तेरा जिस्म किसी और का हो जाए

मुझे फर्क नहीं पड़ता

एक वक्त था कि तुझसे बेइंतहां प्यार करता था

एक वक्त था जब पांच वक्त की नमाजें पढ़कर तेरे लिए

खुदा से मन्नते मांगता था अरे मुझे खुद तो कुछ चाहिए

न था सिर्फ तेरे लिए अपने उस खुदा को आजमाता था

लेकिन अब तू सुन ले अब तो ना झुकता हूं

न पूजता हूं न मानता हूं किसी को

अब तो भले तू खुद खुदा बन चली आए तो

मुझे फर्क नहीं पड़ता

एक वक्त था कि तुझसे बेइंतहां प्यार करता था

एक वक्त था जब शेर लिखा करता था तेरे लिए और सुनाता था

महफिलों में अरे अब तो अरसे बाद लिखी है। ये अधूरी सी

कविता तुझ पे और सुन ले

आगे से कुछ ना भी लिख जाए तो

मुझे फर्क नहीं पड़ता

एक वक्त था कि तुझसे बेइंतहां प्यार करता था

बताना तुझे मिल जाए मुझ जैसा कोई और अगर

जा-जा तू औरों को आजमा ले

मुझे फर्क नहीं पड़ता
एक वक्त था कि तुझसे बेइंतहां प्यार करता था
एक वक्त था जब तुझे इन हजारों की भीड़ में भी तेरी आईडी को
पहचान लिया करता था किसी और की डीपी में होती अगर तो
एहसासों से पहचान किया करता था
अरे अब तो निगाहों से ओझल किया है। मैंने तुझे इस कदर
कि तू मेरी कविता को चोरी-चोरी पढ़ भी रही है। तो
मुझे फर्क नहीं पड़ता
एक वक्त था कि तुझसे बेइंतहां प्यार करता था
खैर फिर भी करता हूं शुक्रिया तेरा
तूझे खोने मैंने बहुत कुछ पा लिया है।
नजमें, गजलें, शायरियां सब मिल गई है। मुझे
और इन्होंने तो जैसे मुझे गले से लगा लिया है।
अब तो मुझे सुनने वाले भी चाहने वाले भी और दाद देने वालें भी है।
और कुछ दिन ना लिखू तो फोन करके गुजारिश करवाने वाले भी है।
लेकिन अब तू सून ले अब तो इतना बेखौफ हो गया हूं कि अब ये सब भी
छोड़ जाए तो
मुझे फर्क नहीं पड़ता
एक वक्त था कि तुझसे बेइंतहां प्यार करता था
अरे खुद ही में मस्त हो गया है। तेरा ये राशिद इतना
अब तो कोई सुनने आए या न आए
मुझे फर्क नहीं पड़ता
एक वक्त था कि तुझसे बेइंतहां प्यार करता था
खैर चाहता तो नहीं था तुझे इस तरह यूं बेनकाब करूं सबके सामने
लेकिन सुन ले एक बेवफा मेरी कलम से बेईज्जत हो जाए तो
मुझे फर्क नहीं पड़ता
एक वक्त था कि तुझसे बेइंतहां प्यार करता था
याद कर वो वक्त जब एक लफ्ज नहीं सुन पाता था मैं तेरे खिलाफ
और अब देख-देख तेरे इस तौहिन पर तालियों पर तालियां बज रही हैं तो
मुझे फर्क नहीं पड़ता
एक वक्त था कि तुझसे बेइंतहां प्यार करता था।।

28

कभी हिम्मत दे जाती है। कभी ताकत दे जाती है।
गिरूँ जब खाके मैं ठोकर, ये मुझको फिर उठाती है।
मुसीबत रंग लाती है। मुसीबत रंग लाती है।
है अपना कौन पराया, सभी कुछ ये बताती है।
हक़ीक़त चाहे जैसी हो, मगर उसको दिखाती है।
मुझे मुझसे मिलाती है। नया परिचय कराती है।
नई ख़ूबी, नई ख़ामी, ये बेहतर ढूंढ लाती है।
नई राहें, नई मंज़िल, नया जीवन दे जाती है।
हंसा के ये रुलाती है। रुला के फिर हंसाती है।
ना ये होती तो क्या होता, हर एक बंदा बड़ा होता
खुदा ही एक मालिक है। सबक सबको सिखाती है।
जो लड़ते हैं मुसीबत से, उन्हें अनुभव दे जाती है।
जो थक कर हार जाएं तो, हुकूमत ये चलाती है।
कड़क इसके कदम लेकिन, ये एक दिन हार जाती है।
मगर फिर जाने से पहले, ये कुछ ना कुछ सिखाती है।
है प्यार इसको कांटो से, तभी ज़ख्मो की साथी है।
बहुत कुछ छीन ले फिर भी, मिटा के फिर बनाती है।

29

राज़ यूं हर किसी को बताया न कर।
सब यहाँ अपने हैं ऐसा दावा न कर।
इतना भी तो किसी से छलावा न कर।
गैर के हक पे अपना तो दावा न कर।
गर निभाया नहीं जाता तुमसे कभी,
तब कोई ऐसा झूठा तो वादा न कर।
है। अगर रंज उससे जरा भी तुम्हें,
झूठा तब प्यार का तो दिखावा न कर।
टूट जाओगे ख़ुद तुम ही ऐ मेरे यार,
ईश्क इतना भी हद से जियादा न कर।
उसकी बातें मेरे सामने छेड़कर,
मेरे जख्मों को फिर से तू ताज़ा न कर।

30

ख़ुशी ख़ुशी है न ग़म ग़म है। इन दिनों सांई।
अजीब कर्ब का आलम है। इन दिनों सांई।
मैं चाहता भी नहीं सबसे टूट कर मिलना
ख़ुलूस यूं भी बहुत कम है। इन दिनों सांई।
लहू के फूल खिले हैं बदन की शाख़ों पर
सलीबो दार काम मौसम है। इन दिनों सांई।
धुआं धुआं सा है। कुछ सुबह का उजाला भी
चराग़े शाम भी मद्धम है। इन दिनों सांई।
बढ़ूं तो आग का दरिया, रुकुं तो दुश्मने जां
नमक ही ज़ख़्मों का मरहम है। इन दिनों सांई
बुझा रहे हैं ख़ुद अपने लहू से अपनी प्यास
के भाई भाई से बरहम है। इन दिनों सांई।
है। भीड़ पस्ता क़दों की हमारे चारों तरफ़
बलन्द क़ामती भी ख़म है। इन दिनों सांई।
मनाके थक चुके अपनी अना का जश्न सभी
अना का शहर में मातम है। इन दिनों सांई।
तेरी सदा पे भी खुलते नहीं हैं दरवाज़े
दुआओं में भी कहां दम है। इन दिनों सांई।
कर्ब का आलम..... दुःख की स्थिति

ख़ुलूस...... प्रेम

सलीबो दार ......सूली

चराग़े शाम...... शाम का दीपक

बरहम.... नाराज़

पस्ता क़दों..... बौने

बलंन्द क़ामती..... लंबे क़द के लोग
ख़म.... झुका हुआ
अना का जश्न...... अहम का उत्सव
सदा...... आवाज़

31

यह रण ऐसा था जिस रण में कोई दुश्मन था नहीं लड़ा।
भाले बरछी जब नहीं लड़े तो फिर इस रण में कौन लड़ा।।
तर्कों से तर्क लड़े खुलकर प्रशनों से प्रशन झगड़ते थे।
करुणा से करुणा लड़ती थी आँसू से आँसू लड़ते थे।।
आहों से आहें टकराईं मन से मन युद्ध रचा बैठा।
दांया या बाएं से भिड़ा और तन से तन युद्ध रचा बैठा।।
अंगुली से अंगुली उलझाकर मानो एक जाल बनाती थी।
जब कण्ठ घोटता था गर्दन आवाज दबी रह जाती थी।।
क्षमता से क्षमता लड़ती थी नमता से नमता लड़ती थी।
एक मां से लड़ती थी एक मां ममता से ममता लड़ती थी।।
बलिदान दामिनी के समान दम दमक दमक लड़ जाता था।
हां! दूध दूध से लड़ता था तो नमक नमक लड़ जाता था।।
मेवाड़ विजय की महावीर बलिदान तमन्ना लड़ती थी।
धरती से लड़ती थी धरती पन्ना से पन्ना लड़ती थी।।

32

चौखट लाँघ जब घर से निकलती हूँ
दिल शायद घर पर कहीं छोड़ आती हूँ
जल्द से जल्द घर लौटने की जल्दी में
कई ज़रूरी काम अधूरे छोड़ आती हूँ ।
यहीं मेरी तेरी कहानी हर नारी की हैं
कोशिश हर हाल में साथ रहने की हैं
अपनी परिधि से दूरी नहीं सहन हमें
प्रयास हर पल तुम्हें खुश देखने की हैं।
कितने सपने भी अधूरे छोड़ आती हूँ
अपने हाथों से पंखो को कुतर देती हूँ
ऐसी कामयाबी नहीं कभी स्वीकार
जहाँ मैं अपनो से दूर नज़र आती हूँ ।
घर के चौखट से प्रेम जो बहुत करती हूँ
आप सब से स्नेह जो बहुत रखती हूँ
ख़ुशियाँ ना उनकी अधूरी रह जाए बस
उनके ख़ुशियों पर खुद को वार देती हूँ।

33

कभी कमज़ोर क्षण, नाज़ुक लम्हे ऐसे भी आते
मुश्किल वक्त में जब खुद को संभाल नही पाते
काश! कोई सिर पर रखे आत्मीयता भरा हाथ
हौसला बढ़ाकर बोले कि 'मैं हूँ ना' तुम्हारे साथ
प्रेमपूर्ण वाणी का स्पर्श भय पर भारी पड़ जाता
अपनत्व से भरा एहसास मन पर मरहम लगाता
सहसा मानसिक संताप का सिलसिला रुक जाता
आशा-किरण से धुंधला अक्स साफ़ नज़र आता
जब कोई बिन पक्षपात के हमे सुनता, समझ पाता
भावनाओं का ज्वार-भाटा खुद-ब-खुद थम जाता
वैसे तो हम सबका दायरा है। दोस्तों-मित्रों से भरपूर
पर 'किसी करीबी' का जीवन में साथ होना चाहिए
खामियों- खूबियों के संग हमें अपनाए व समझाए
किसी दुर्गम मोड़ पर 'हमारे आस-पास' होना चाहिए
किसी को व्यथा सुनाकर मन का तनाव घट जाता है।
भले ही उलझन ना सुलझे पर 'सुकून' मिल जाता है।
सुख के सब साथी हैं पर पीड़ा हरने में जो पहल करे
हमारी खुशनसीबी है जो हमे सच्चे दिल वाली "आप" मिले।

34

शाम का ढलता सूरज
पानी में चलती हुई कस्ती
क्या सुंदर नजारा दे जाता है।।
लेकिन ढलती हुई उम्र के
साथ मिटती हुई हस्ती
लाठी का सहारा दे जाता है।।।
जिंदगी के हर पड़ाव को
जिंदादिली से जियो यारो
क्यों कि वक्त कब आ जाए जाने का
वक्त ये इशारा कभी नहीं दे पाता है।।
उम्र का हर समय ऐसे जियो
कि आज ही हमारा अंतिम समय है।
क्यों कि जाने का इशारा वक्त
कभी नहीं दे पाता है।।।

35

कोई फूल नहीं हूँ मगर खुशबू फैलाता हूँ मैं,
ये बात कुछ गहरी रही रुको समझाता हूँ मैं,
कोई रंग कोई रूप कोई पहचान है नहीं मेरी,
किसी मौसम नहीं आपके बुलावे आता हूँ मैं,
ब मुश्किल बनाता है। जो तस्वीर बनाने वाला,
बनाके वही तस्वीर हर रोज़ रोटी खाता हूँ मैं,
सामने आकर भी छुपे रहते हैं जो चेहरे सारे,
सच यही है। के उनसे हर पल टकराता हूँ मैं,
जो जुल्फ बादल चाँद सितारे दर्द पे बोलते हैं,
उन्हें दिल की कलम से लिखना सिखाता हूँ मैं,
कदम दर कदम जो निशाँ छोड़ते हुए चलते हैं,
उन्हीं महमानों में अंजाना कहलाता हूँ मैं।।

36

तूफां से डरकर लहरों के बीच सकारे कहाँ जाएँ,
इस जहाँ में भटककर तकदीर के मारे कहाँ जाएँ।
अब तो खिंज़ा भी गुल खिलाने लगे है।
अपनी बेबसी को लेकर बहारें कहाँ जाएँ।
उजाला हैं जहाँ में ऐ चाँद तेरी चांदनी से,
बता फलक के अभागे सितारे कहाँ जाएँ।
हंसी मंजर था चाहत के लम्हे गुजारे थे ऐ दोस्त
सिसक-सिसक कर वो रंगीन नजारें कहाँ जाएँ।

37

रात ये गहरी अमावस की भले ही खूब हो।
कुछ दिए सारे अंधेरे को मिटा ले जाएँगे।
साँस लेना भी कठिन होगा घुटे माहौल में।
खींचकर के लोग वे सारी हवा ले जाएँगे।
नेकियाँ कर के सभी को बाँट देंगे हर खुशी।
लोग ये सीधे सरल सबकी दुआ ले जाएँगे।
दुश्मनों को सौंप दी तीमारदारी आपने।
जो दवा के नाम उसको विष पिला ले जाएँगे।
प्रेम के बदले भरेंगे नफरतों को खूब ये।
प्रेमियों को फिर सबक उल्टा पढ़ा ले जाएँगे।
जिंदगी कश्यप बहुत कड़वी हुई है। आजकल।
सब हसीं अरमान अब दिल से निकाले जाएँगे।

38

मैं नज़र से पी रहा हूँ, ये समाँ बदल न जाए,
नु झकाओ तुम निगाहें, कहीं रात ढल न जाए!!
मेरे अश्क भीं है। इस में, ये शराब उबल न जाए,
मेरा जाम छूने वाले, तेरा हाथ जल न जाए!!
अभी रात कुछ है बाक़ी, न उठा नक़ाब साक़ी,
तेरा रिंद गिरते गिरते, कहीं फिर सँभल न जाए!!
मेरी ज़िंदगी के मालिक, मेरे दिल पे हाथ रखना,
तेरे आने की ख़ुशी में, मेरा दम निकल न जाए!!
मुझे फूँकने से पहले, मेरा दिल निकाल लेना,
ये एक परी की है। अमानत, मेरे साथ जल न जाए!!

39

लेखनी उठाकर जब अपने मनोभावों को उकेरा
'नज़रिए' में बेहद बदलाव महसूस करने लगी हूँ
'खुद से गुफ्तगू' करके जब 'अन्तर्मन को टटोला'
'ज़िन्दगी के मायने' अब बखूबी समझने लगी हूँ
सयानी समझ सबको 'अपने चश्मे' से देखती थी
खुद के बनाए 'पैमाने' पर ही सबको आँकती थी
सोच को बदल, दूसरों की मनःस्थिति समझकर
'आरोप-प्रत्यारोप के दौर' से अब दूर रहने लगी हूँ
लेखनी उठाकर...

ज़िंदगी हरदम हमारे मनमुताबिक तो नहीं चलेगी
आशा-निराशा व धूप- छाँव से हलचल भी मचेगी
इस 'उतार-चढ़ाव' में भी झूले का आनंद उठाकर
'जीवन की अलबेली चाल' में मस्त रहने लगी हूँ
लेखनी उठाकर...

कभी 'संपूर्णता की चाहत' से व्यथित हो जाती थी
छोटी सी असफलता से बेहद आहत हो जाती थी
जब जाना नामुमकिन है। हर परीक्षा पास कर पाना
कर्मठ हो अंजाम से बेखबर, बेपरवाह रहने लगी हूँ
लेखनी उठाकर...

कमियों के कुंड में डूबकर मीनमेख निकालती थी
'ज़िन्दगी से जद्दोजहद कर' अनमनी सी रहती थी
अब 'कर्म की नाव' चला, बहती धारा में चैन से तैर
हासिल ख़ुशी या ग़म को 'नसीब' समझने लगी हूँ
लेखनी उठाकर...

‘भविष्य की फिक्र’ करके ‘आशंका’ से भर जाती थी
नकारात्मकता से भर बेवजह अनिष्ट से घबराती थी
अब आत्मविश्वास जगाकर, सकारात्मक सोच रख
सब चिंताएँ ईश्वर पर छोड़ चैन-सुकून से रहने लगी हूँ
लेखनी उठाकर...
कभी ‘सबकी खुशी’ में ही अपने सुख को ढूँढती थी
पर प्रयास कर पूरी दुनिया को खुश न कर पाती थी
अब विनम्रतापूर्वक उन सबको उनके हाल पर छोड
अपनी खुशी तलाशने की पूर्ण कोशिश करने लगी हूँ
लेखनी उठाकर...

40

ओढ़ के धानी प्रीत की चादर
आया तेरे शहर में राँझा तेरा
दुनियाँ ज़माना झूठा फँसाना
जीने मरने का वादा साँचा मेरा
हो शीश महल ना मुझको सुहाये
तुझ संग सूखी रोटी भाये
मन मस्त मगन, मन मस्त मगन
बस तेरा नाम दोहराये।
मन मस्त मगन, मन मस्त मगन
बस तेरा नाम दोहराये।
ओ चाहे भी तो भूल ना पाये
मन मस्त मगन, मन मस्त मगन
बस तेरा नाम दोहराये।
मन मस्त मगन, मन मस्त मगन
तेरा नाम दोहराये।

41

मेरे हृदय रूपी आंगन की
तुलसी हो तुम,
मेरे मानस पटल की
अविसरित स्मृति हो तुम,
मेरे अंधेरे जीवन कुटीर की
ज्योति पुंज हो तुम,
तुमसे ही मेरी आशाएं बंधी
तुमसे ही जुड़ी हैं भावनाएं,
इस कारण ही मुझे
प्रिय हो तुम।।

42

शाम का ढलता सूरज
पानी में चलती हुई कस्ती
क्या सुंदर नजारा दे जाता है।।
लेकिन ढलती हुई उम्र के
साथ मिटती हुई हस्ती
लाठी का सहारा दे जाता है।।।
जिंदगी के हर पड़ाव को
जिंदादिली से जियो यारो
क्यों कि वक्त कब आ जाए जाने का
वक्त ये इशारा कभी नहीं दे पाता है।।
उम्र का हर समय ऐसे जियो
कि आज ही हमारा अंतिम समय है।
क्यों कि जाने का इशारा वक्त
कभी नहीं दे पाता है।।।

43

कभी कमज़ोर क्षण, नाज़ुक लम्हे ऐसे भी आते
मुश्किल वक्त में जब खुद को संभाल नही पाते
काश! कोई सिर पर रखे आत्मीयता भरा हाथ
हौसला बढ़ाकर बोले कि 'मैं हूँ ना' तुम्हारे साथ
प्रेमपूर्ण वाणी का स्पर्श भय पर भारी पड़ जाता
अपनत्व से भरा एहसास मन पर मरहम लगाता
सहसा मानसिक संताप का सिलसिला रुक जाता
आशा-किरण से धुंधला अक्स साफ़ नज़र आता
जब कोई बिन पक्षपात के हमे सुनता, समझ पाता
भावनाओं का ज्वार-भाटा खुद-ब-खुद थम जाता
वैसे तो हम सबका दायरा है। दोस्तों-मित्रों से भरपूर
पर 'किसी करीबी' का जीवन में साथ होना चाहिए
खामियों- खूबियों के संग हमें अपनाए व समझाए
किसी दुर्गम मोड़ पर 'हमारे आस-पास' होना चाहिए
किसी को व्यथा सुनाकर मन का तनाव घट जाता है।
भले ही उलझन ना सुलझे पर 'सुकून' मिल जाता है।
सुख के सब साथी हैं पर पीड़ा हरने में जो पहल करे
हमारी खुशनसीबी है जो हमे सच्चे दिल वाली "मशाला" मिले

44

अपने हाथों की लकीरों में सजा ले मुझ को
मैं हूँ तेरा तू नसीब अपना बना ले मुझ को
मैं जो काँटा हूँ तो चल मुझ से बचा कर दामन
मैं हूँ गर फूल तो जूड़े में सजा ले मुझ को
तर्क-ए-उल्फ़त की क़सम भी कोई होती है। क़सम
तू कभी याद तो कर भूलने वाले मुझ को
मुझ से तू पूछने आया है। वफ़ा के माशनी
ये तिरी सादा-दिली मार न डाले मुझ को
मैं समुंदर भी हूँ मोती भी हूँ ग़ोता-ज़न भी
कोई भी नाम मिरा ले के बुला ले मुझ को
तू ने देखा नहीं आईने से आगे कुछ भी
ख़ुद-परस्ती में कहीं तू न गँवा ले मुझ को
बाँध कर संग-ए-वफ़ा कर दिया तू ने ग़र्क़ाब
कौन ऐसा है। जो अब ढूँढ निकाले मुझ को
ख़ुद को मैं बाँट न डालूँ कहीं दामन दामन
कर दिया तू ने अगर मेरे हवाले मुझ को
मैं खुले दर के किसी घर का हूँ सामाँ प्यारे
तू दबे-पाँव कभी आ के चुरा ले मुझ को
कल की बात और है। मैं अब सा रहूँ या न रहूँ
जितना जी चाहे तिरा आज सता ले मुझ को
बादा फिर बादा है। मैं ज़हर भी पी जाऊँ 'क़तील'
शर्त ये है। कोई बाहों में संभाले मुझ को
अपने हाथों की लकीरों में बसा ले मुझको,
मैं हूँ तेरा तो नसीब अपना बना ले मुझको।

मुझसे तू पूछने आया है। वफ़ा के माने,
ये तेरी सादा-दिली मार ना डाले मुझको।
ख़ुद को मैं बाँट ना डालूँ कहीं दामन-दामन
कर दिया तूने अगर मेरे हवाले मुझको।
बादा फिर बादा है। मैं ज़हर भी पी जाऊँ 'क़तील'
शर्त ये है। कोई बाहों में सम्भाले मुझको।
तू सलामत रहे हर दम ये दुआ है। मेरी।
तेरे बदले में ख़ुदा चाहे उठा ले मुझ को।।
तेरी राहों के चुनूं ख़ार जूझे सजदा करूं।
हमसफ़र अपना बना साथ चला ले मुझको।।
अपने हाथों की लकीरों में बसा ले मुझको,
मैं हूँ तेरा तो नसीब अपना बना ले मुझको।
मुझसे तू पूछने आया है। वफ़ा के माने,
ये तेरी सादा-दिली मार ना डाले मुझको।
तू सलामत रहे हर दम ये दुआ है। मेरी।
तेरे बदले में ख़ुदा चाहे उठा ले मुझ को।।
तेरी राहों के चुनूं ख़ार जूझे सजदा करूं।
हम सफ़र अपना बना साथ चला ले मुझको।।

45

शाम का वक्त है। ढलते हुए सूरज की किरन
दूर उस बाग में लेती है। बसेरा अपना
धुन्ध के बीच थके से शहर की आँखों में
आ रही रात है। अँजनाती अँधेरा अपना!
ठीक छः दिन के लगातार इन्तजार के बाद
आज ही आई है। ऐ दोस्त! तुम्हारी पाती
आज ही मैंने जलाया है। दिया कमरे में
आज ही द्वार से गुज़री है। वह जोगिन गाती।
व्योम पे पहला सितारा अभी ही चमका है।
धूप ने फूल की अँचल अभी ही छोड़ा है।
बाग में सोयी हैं मुस्काके अभी ही कलियाँ
और अभी नाव का पतवार ने रुख मोड़ा है।।
आग सुलगाई है। चूल्हों ने अभी ही घर-घर
आरती गूँजी है। मठ मन्दिरों शिवालों में
अभी हाँ पार्क में बोले हैं एक नेता जी,
और अभी बाँटा टिकिट है। सिनेमा वालों ने!
चीखती जो रही कैंची की तरह से दिन-भर
मंडियों बीच अब बढ़ने लगी हैं दूकानें
हलचलें दिन को जहाँ जुल्म से टकराती रहीं
हाट मेले में अब होने लगे हैं वीराने।
बन्द दिन भर जो रहे सूम की मुट्ठी की तरह
खुल गये मील के फाटक हैं वो काले-काले
भरती जाती है। सड़क स्याह-स्याह चेहरों से
शायद इनपे भी कभी चाँदनी नजर डाले।

वह बड़ी रोड नाम जिसका है। अब गांधी मार्ग
हल हुआ करते हैं होटल में जहाँ सारे सवाल
मोटरों-रिक्शों बसों से है। इस तरह बोझिल
जैसे मुफलिस की गरीबी पै कि रोटी का ख़याल...

46

नजर अक्सर शिकायत आजकल करती है।
दर्पण से थकन भी चुटकियां लेने लगी है।
तन से और मन से कहां तक हम संभाले
उम्र का हर रोज गिरता घर तुम अपनी
याद का मलबा हटाओ दिल के आंगन से!!
प्यार में इब्तिदा का मजा लीजिए
उसमें ही इंतिहा का मजा लीजिए
प्यार का व्याकरण-आचरण है। अलग
प्यार की ना में हां का मजा लीजिए!!
किसी के दिल की मायूसी यहां से होके गुजरी है।
हमारी सारी चालाकी वहीं पर खोकर गुजरी है।
तुम्हारी और मेरी राह में बस फर्क इतना है।
तुम्हारी सो के गुजरी हे हमारी रो के गुजरी है।!!
हर एक कपड़े का टुकड़ा मां का आंचल हो नहीं सकता
जिसे दुनिया को पाना है। वो पागल हो नहीं सकता
जफाओं की कहानी जब तलक इसमें न शामिल हो
मोहब्बत का कोई किस्सा मुकम्मल हो नहीं सकता!!
मैं तेरे बिन जो सांसें लूं उन्हें भी काम लिखता हूँ
तेरे घर के हर एक रस्ते को आठों धाम लिखता हूँ
शहर जाकर तुझे बस रात की नींदे हुई हासिल
सो अपने गांव की हर शाम तेरे नाम लिखता हूँ!!
पुकारे आँख में चढ़कर तो खूं को खूं समझता है।
अंधेरा किसको कहते हैं ये बस जुगनू समझता है।
हमें तो चांद तारों में भी तेरा रूप दिखता है।

मोहब्बत में नुमाइश को अदाएं तू समझता है।!!
जो मैं या तुम समझ ले वो इशारा कर लिया मैंने
भरोसा बस तुम्हारा था तुम्हारा कर लिया मैंने
लहर है, हौसला है, रब है, किस्मत है, दुआ है।
किनारा करने वालों से किनारा कर लिया मैंने...!!

47

उस हीरे को दिल में जड़ कर देखूंगा,
मैं भी उसके इश्क़ में पड़ कर देखूंगा...
क़िस्मत ने छीना है। अब तक सब मुझसे,
क़िस्मत से अब मैं भी लड़ कर देखूंगा...
जाने क्या क्या कहते हैं सब इश्क़ को पर,
मैं भी अब इस इश्क़ को कर कर देखूंगा...
सुना है। उसकी आंखें मै के प्याले हैं
उन आंखों को मैं भी चख कर देखूंगा...
प्यार के सागर में जो डूबा पार हुआ,
इस सागर में आज उतर कर देखूंगा...

48

तेरे प्यार का जो नशा छा गया है।
तसव्वुर तेरा अब मुझे भा गया है।
मेरे दिल की हालत तो आकर के देखो
कि जैसे चमन कोई महका गया है।
कई दर्द हैं मेरे इस दिल के अंदर
तुम्हें याद करके भुलाया गया है।
जरा कोई जीने का जरिया बता दो
कदम ये मेरा आज थम सा गया है।
तेरी याद में वक्त कटता है। ऐसे
मुझे जिंदगी का मजा आ गया है।

49

कटेंगे पर मेरे फिर भी मेरी परवाज़ बोलेगी
मिरी खामोशियों में भी मेरी आवाज बोलेगी
कहाँ तक तुम मिटाओगे मेरी हस्ती मेरा जज़्बा
ये मिट्टी ज़र्रे ज़र्रे से मुझे जाँबाज़ बोलेगी
अगर हालात न बदले वो दिन भी जल्दी आयेंगे
तुम्हारे खौफ़ से दुनियाँ तुम्हें नासाज़ बोलेगी
नहीं अब शाजहाँ कोई किसी के हाथ जो काटे
तुम्हारे जुल्म के किस्से कभी मुमताज़ बोलेगी
तुम्हें महफ़ूज़ रहना पर तुम्हें घर भी जलाना है।
तुम्हारी फितरतों हैं क्या समीक्षा आज बोलेगी

50

कुछ लम्हे तेरे साथ गुज़रे.....
तेरी चाहत में मेरी हर साँस गुज़रे!
खिजां जो मेरी जिंदगी में आयी....
बहार बनके के वो दिन रात गुज़रे!
जो ख्वाब देखे थे साथ हमने कभी....
हसरत है। वो मुक्कमल बनके गुज़रे!
कभी आ जाए रुसवाई तेरे दिल मे....
खुदा ना करे तेरी नफरत का खंजर,
मेरे सीने के आर पार गुज़रे!!

51

ये फ़ानी दुनिया कुछ भी कहती है मुझको,
तेरी रफ़ाक़त पर भरोसा है मुझको।
तेरी एक हल्की सी नज़र मय तबस्सुम के,
दीवाना बनाने के लिए काफी है मुझको ।
मेरे तस्सवुर में रुख -ए-रंगी नज़ारा है तेरा,
जुदा तुझसे रहूँ ये नहीं मंजूर मुझको ।
दस्तूर -ए-ज़माने में वफ़ा का ठिकाना कहाँ,
न होगी कोई भूल तुझसे यकीं है मुझको ।
जफ़ा के इल्म से अंजान हूँ मैं पर,
फ़लसफ़े अपनी वफ़ा के याद है मुझको ।
तहरीक़ हो मेरे सफ़र -ए-हयात के तुम,
तेरी मुहब्बत पे 'अनुज़' नाज़ है मुझको ।

52

चाहोगे भी गर तो अब हमें क्या भुलाओगे तुम!

होगी कश्मकश बेसबब तो हमें पाओगे तुम!

कहा था ना करो ऐहतजाज धड़कनों से,

होगा जाहिर उतना ही फसाना जितना छुपाओगे तुम!

लड़खड़ाई धड़कने कभी देखकर किसी को,

इस तसव्वुर से तन्हाई में बिखर जाओगे तुम!

युहीं लम्हों से हो जायेगी अनबन कभी,

कुछ तलाशती नजरों में गुजरे पल सजाओगे तुम!!!a

53

अब मैं ना कोई कहानी ना कोई किताब लिखूंगा।
बस मुझमें तेरा शामिल होना बेहिसाब लिखूंगा।।
मेरी जिंदगी पर तेरा हक,
तेरी रूह पर मेरा नाम,
मेरी चौखट पर तेरे कदमों के निशान,
मेरे मन में उमड़ता तेरे सपनों का कारवां,
इस जिंदादिली को मैं तेरे नाम लिखूंगा।
बस मुझमें तेरा शामिल होना बेहिसाब लिखूं गा।।
तेरा मेरे रोम- रोम में शामिल होना,
तेरे ना होने से मेरे दिल का यूं रोना,
तेरे हल्के से दीदार से....
मेरे मन का यूं प्रफुल्लित होना,
मेरी मुस्कुराहट को मैं तेरे नाम लिखूंगा।
बस मुझमें तेरा शामिल होना बेहिसाब लिखूं गा।।
तेरी बांहों के सिरहाने पर मेरा आंख बंद करके सो जाना,
तेरे सीने से लिपट कर वो मेरा खाक हो जाना,
तुझसे दूर होकर मेरा वो एक पल भी ना जी पाना,
तुझ अकेले का मेरे लिए पूरा परिवार बन जाना,
तुझको ही अपना पूरा संसार लिखूं गा।
बस मुझमें तेरा शामिल होना बेहिसाब लिखूंगा।।
अब मैं ना कोई कहानी ना कोई किताब लिखूंगा।
बस मुझमें तेरा शामिल होना बेहिसाब लिखूंगा।।

54

एक फर्ज मोहब्बत का निभाया नहीं गया
वह जा रहा था हमसे मनाया नहीं गया
एक बार उसने हमे निगाहों से छू लिया
फिर और कोई दिल में बसाया नहीं गया
पलकों पर ख्वाब उसका जबसे जागने लगा
आखों को सारी रात सुलाया नहीं गया
उसके बेगैर आज भी तन्हा है। जिन्दगी
फिर महफिलों को हमसे सजाया नहीं गया

55

कुछ किस्से लिखूंगा, कुछ हिसाब लिखूंगा..!
अभी मसरूफ हूँ, एक दिन तुमपे किताब लिखूंगा.!!
कुछ सवाल लिखूंगा, कुछ जवाब लिखूंगा..!
तुम्हारी आँखों की गहराई पे, आफताब लिखूंगा..!!
हर एक एक लम्हे को, एक एक साल लिखूंगा..!
तुमको मशहूर, खुदको को बदनाम लिखूंगा..!!
मै तो नसीब का मारा हूँ, तो क्या हुआ..!
तुमको फरिश्ता, खुद को इंसान लिखूंगा..!!
कल का भरोसा कम रखता हूँ मै..!
तो आज सहर होने तक तेरा नाम लिखूंगा..!!
तुम चाँद से रोशन हो, ये तो जानता हूँ मै..!
पर तुम्हे करवा चौथ वाली, शाम लिखूंगा..!!
जो भी कहना था कहा, गर फिर भी कुछ बाकी हो..!
तो खुद को इंतजार, और तुमको अंजाम लिखूंगा...!

56

उनको एतवार था हम पर कुछ ज्यादा,
हमें उनसे प्यार भी था कुछ ज्यादा...
दिल की बस्ती उजड़ रही थी,
तुफानों का हौसला ही था कुछ ज्यादा....
कत्ल करने का हुनर क्या खूब था उनका,
खँजर में उनके नशा ही था कुछ ज्यादा....
दोस्ती का सबब यारों था कुछ भी नहीं,
हमने उनसे गुफ्तगूं ही की कुछ ज्यादा...
बेगानों को भी अपना बनाने का हुनर रखती है,
हट कर जिंदगी जीने अँदाज है कुछ ज्यादा...
कदमों के निशां भी ना मिले उनके जाने के बाद,
जिसकी जूस्तजूं थी हद से कुछ ज्यादा...

57

ख़ुद को एक्स औ तुमको बाई माना है।
सो हमको एक समीकरण बनाना है।
जब जब मैं इज़हार करूँ तब तब तुमको
न्यूटन वाला तीसरा नियम लगाना है।
बहुत सुने किस्से हमने दीवानों के
अब हमको भी इक इतिहास बनाना है।
तुमको ग़ज़लों में लिख ऐसे गाना है।
जैसे कालिदास पे निबंध सुनाना है।
ख़ुद को कर्ता तुमको कर्म बनाना है।
अब हम को ऐसे वाक्य सजाना है।
जो भी चूका अब से फोन लगाने को
उसको यारः के शब्द रूप सुनाना है।
क्रियाकरक बन प्यार ताप पर दोनों को
शादी नामक इक उत्पाद को लाना है।

58

कर न पाये हम जरा सी बात भी,
आरजू थी हमको उनके साथ की|
क्यों बसाया मेने नजरो मे तुझे
सोच बस थी जहन मे ख्यालात की
ज़िन्दगी भर ही रहेगा गम हमें,
आरजू बाकी रही मुलाक़ात की
मे रहा अकसर तन्हाई मे दुखी,
याद दिल मे अश्क़ की बरसात थी
थी तुम्हें हमसे मुहब्बत, सच ये भी,
साथ मे तेरे मेरे तू साथ थी ||

59

यमुना तट पर बैठी राधा,
पोछ रही आँखो का पानी।
घायल करती बात यही बस,
केशव बिन है उम्र बितानी।
जीवन के उलझे प्रश्नों का
कोई हल भी नहीं मिला है।।
ऐसी एक अभागी रानी
राज महल भी नहीं मिला है।।
मन ही मन यह सोच रही है।
कैसी हूँ में राधा रानी।
यमुना तट पर बैठी राधा,
पोछ रही आँखो का पानी।
जीना भी दुर्लभ लगता है।
नीर भरा संसार मिला है।।
देख जिसे वो उम्र बिता दे
और नहीं आधार मिला है।।
राधा को इस प्रेम जगत में,
सिर्फ प्रतिक्षा मिली निशानी।
यमुना तट पर बैठी राधा,
पोछ रही आँखो का पानी।
कितने मधुर स्वरों में बजती
वंशीतो इक बाँस बची है।।
जीवन के इस महा होम में
केवल अंतिम साँस बची है।।

कृष्ण तुम्हारे आ जाने से,
हो जायेगी पूर्ण कहानी।
यमुना तट पर बैठी राधा,
पोछ रही आँखो का पानी।

60

कभी ख़ामोश बैठोगे कभी कुछ गुनगुनाओगे
मैं उतना याद आऊँगा मुझे जितना भुलाओगे
कोई जब पूछ बैठेगा ख़ामोशी का सबब तुमसे
बहुत समझाना चाहोगे मगर समझा ना पाओगे
कभी दुनिया मुक्कमल बन के आएगी निगाहों में
कभी मेरे कमी दुनिया की हर इक शै में पाओगे
कहीं पर भी रहें हम तुम मुहब्बत फिर मुहब्बत है।
तुम्हें हम याद आयेंगे हमें तुम याद आओगे

61

कुचली कलियों को सिसकते देखा है।!

मसले फूलों को मैंने बिखरते देखा है।!!

कैसे बताऊं, दहलता है ये दिल मेरा!

मैंने नाजनीनों को पेड़ों से लटकते देखा है।!1

वो कहते हैं! मैं क्यों नहीं लिखती खुशियां?

मेरे आंसुओं में, उन्हें दिखती मेरी दुनियां!!

मैंने अपने दिल को दर्द में भटकते देखा है।!!

मैंने नाज़नीनों को पेड़ों से लटकते देखा है।!!

भूलूं कैसे उन घावों के अनंत किस्सों को!!

कच्ची कलियां कुछ खिले फूलों के हिस्सों को!!

मैंने मात- पिता को मौत के लिए मचलते देखा है।!

मैंने नाज़नीनों को पेड़ों से लटकते देखा है।!!3

कैसे भूलूं खून से लथपथ जख्मी जिस्मों को??

भूलूं कैसे पत्थर दुनियां की पत्थर रस्मों को!!

मैंने मौन नपुंसको की ताली को बजते देखा है।!

मैंने नाज़नीनों को पेड़ों से लटकते देखा है।!!

62

तुम मदमाती यौवन सरिता, प्यासा एक पथिक हूं मैं ।
तुम सावन की श्याम घटा हो, चातक एक तृषित हूं मैं ।
तपती हुई हृदय वसुधा पर शीतल जल बरसाओ ना ।
प्रिये और तरसाओ ना । गीत मिलन के गाओ ना ।।
चारु चांदनी सा यह यौवन अब न संभाला जायेगा ।
चंदा, कहो और कितने दिन यह चकोर अकुलाएगा ।
दर्शन से अब प्यास बुझे ना, पास जरा तो आओ ना ।
प्रिये और तरसाओ ना । गीत मिलन के गाओ ना ।
भ्रू कमान से तीक्ष्ण शरों की वृष्टि भला क्यों करती हो ।
यूं ही घायल हृदय हमारा, फिर क्रीड़ा क्यों करती हो ।
बहुत किया है। क्रंदन मैंने, नैन मंदिर छलकाओ ना ।
प्रिये और तरसाओ ना । गीत मिलन के गाओ ना
माना तुम सौंदर्य मूर्ति, स्रष्टा की श्रेष्ठ कल्पना हो ।
नव वसंत की अंगड़ाई, सुरभित फूलों की रचना हो ।
किंतु भ्रमर का प्रणय निवेदन सुनो, नैन उलझाओ ना ।
प्रिये और तरसाओ ना । गीत मिलन के गाओ ना ।
नस नस में अब नशा जग रहा, कोई ज्वाला जलती है।।
अधर, अधर को खोज रहे अब, सारी देंह पिघलती है।।
कंचन काया मुझे सौंप दो, बाहों में आ जाओ ना ।
प्रिये और तरसाओ ना । गीत मिलन के गाओ ना ।

63

हिमगिरी उत्तंग शिखर में, जिस पथ प्रहरी जाते हैं ।
बाल ग्वाल ले गायों को, गौधूलि घर को आते हैं ।
शून्य से भी न्यून ताप मे, ले बंदूक हाथ में खड़े हुए।
जिन राहों में लोहा लेने, शत्रु विमुख हो अड़े हुए ।
स्वदेश सुरक्षा की गाथा, जिन पंथों में लिखी हुई ।
जिन राहों पर मर मिटने की, नजरें वीरों की टिकी हुई।
जिन डगरों से वीरों की, सज धज अर्थी ले जाते हैं ।
और नहीं बस वही रास्ते, सत्य पथ कहलाते हैं ।
भूमि सुत की जिस पथ से, हलचल हल की आती है।।
गल बैलों के घुंघरू की, झंकार सुनाई जाती है।।
जिन राहों से रातों में, अन्न रखवाली करता है।।
जिस पथ से भी वह गुजरे, उस पथ हरियाली भरता है।।
जिस मग से भूमि की, गंध सौंधी सी आती है।।
नभ के जिस मार्ग से, वर्षा की आहट आती है।।
जिन राहों से अन्नदाता, सबको अन्न पहुंचाते हैं ।
और नहीं बस वही रास्ते, सत्य पथ कहलाते हैं ।
ऋषि मुनि जिस मार्ग से, चिंतन मंथन को जाते हैं ।
मंथन मनन विचारों का, राष्ट्र हित में लाते हैं ।
कवि कोविद जिन रस्तों पर, गीत प्रीत के गाते हैं ।
सुशासन की जिन राहों से, विकास देश का लाते हैं।
जिस पथ में हों लाख कष्ट, पर धीर वीर उसे पार करें।
निष्कंटक कर उस राह को, विकलों को उपहार करें ।
जिन चौराहों ध्वज तिरंगे, नील गगन लहराते हैं ।
और नहीं बस वही रास्ते, सत्य पथ कहलाते हैं ।

64

हमने यूं भी जीकर देखा
बारबार मरमरकर देखा ।
सिरपर सूरज पांव में छाले
फिरभी हमने चलकर देखा ।
दुनिया से तो डरे नहीं पर
परछाई से डरकर देखा ।
कदम मुड़े थे जहां तुम्हारे
बारबार मुड़ मुड़कर देखा ।
आंधी में रातों को अक्सर
हमने दिया जलाकर देखा ।
सूने घर में इक सलीब पर
खुदको लटका अक्सर देखा ।
तुम्हें खबर ही नहीं तुम्हीं को
चोरी -चोरी छुपकर देखा ।
हमने आँखों में करीब से
ठहरा हुआ समन्दर देखा ।
नया जमाना लोग सयाने
शीशे के घर पत्थर देखा ।
सपनों में भी नाम तुम्हारा
लिखकर और मिटाकर देखा ।
भीतर और कोई रहता है।,
पता लगा जब अन्दर देखा ।
कोई नहीं सुनता सब बहरे
सबको हाल सुनाकर देखा ।

पीकर दर्द जख्म सहलाकर
जलसे में भी हंसकर देखा ।
टूटे सपनों को गिन गिनकर
हमने दिल बहलाकर देखा ।
खुदको जहां छोड़ आये हम
उन गलियों में जाकर देखा ।
फिर भी तो इलज़ाम लगा है।
जब ओठों को सीकर देखा ।
मन है कि यह नहीं मानता
बहुतबार समझाकर देखा ।

65

" तुम्हारा फोन पर आना ....,, ,, ,, ,
मुझे मदहोश कर जाना ....!!!!
धड़कते दिल को देखो न .....
तुरत खामोश कर जाना ....!!!!!
कभी यादों के चिलमन से ....,, ,, ,,
मुझे तुम झांक कर देखो ....!!!!
नशीली इन निगाहों से ....
मुझे तुम ताक कर देखो ....!!!!!
कभी यादों में मैं आऊँ ....,, ,, ,,
कभी वादों में मैं छाऊँ ....!!!!!
समझ में कुछ नहीं आता ....
अब जाऊँ तो कहाँ जाऊँ ....!!!!!
बिन पीए ही बहक जाऊँ ....,, ,, ,,
न बोतल, पर छलक जाऊँ ....!!!!
तुम्हारी भीनी खुशबू हो ....
और देखो मैं महक जाऊँ ....!!!!
घनी जुल्फों की छाँवों में ....,, ,, ,
जरा मुझको छुपा लो ना ....!!!!
लहराते अपने आँचल में .....
मुझे थोड़ी जगह दो न ....!!!!!
अदाएँ भी बड़ी जालिम ....,, ,, ,
कातिल चालें टेढ़ी है। ....!!!!
मेरे हिस्से जो आए हैं ....
मधुर आवाज तेरी है। ....!!!!

कभी चूड़ी की खन – खन से .....,, ,, ,,
कभी पायल की छन – छन से ....!!!!
मेरा क्या हाल है। जानू .....
अब पूछो न मेरे मन से ....!!!!!
जरा सा अब – तब में हूँ .....,, ,, ,,
ना मालूम मैं कहाँ – कब हूँ ....!!!!
कभी लगता कि न कुछ मैं ....
कभी लगता कि मैं सब हूँ ....!!!!!
चलो छोड़ो अब जाने दो .....,, ,, ,
वही फिर गीत गाने दो ....!!!!
मेरा जब कॉल जाए तो ....
फोन पर खुद को आने दो ....!!!!!
तुम्हारा फोन पर आना .....,, ,, ,,
मुझे मदहोश कर जाना ....!!!!
धड़कते दिल को देखो न ....
तुरत खामोश कर जाना ....!!!!!"

66

तुम्हारी मस्त निगाहों का तिलिस्म घनेरी ज़ुल्फ़ों की ये जादूगरी....
लबों का ये मदहोशी भरा जाम तुम्हारी साँसों से आती हुई खुश्बू...
गुंदाज बदन के वो मस्त उभार मखमली बदन का नाज़ुक लम्स...
शानदार देहयष्टि कमर का कटाव गहरी नाभि से छलकता है अमृत...
छलकता हुआ शबाब है। बेशुमार लफ्जों में बयाँ करे कोई तो कैसे...
नाज़ुक बदन तेरा हुस्न से लवरेज ये नाज़ुक बदन संभाले भी तो कैसे...
तेरे हुस्न को देखकर गाफ़िल हो गया तेरी निगाहों में ही मेरा दिल खो गया..
अदना सा एक शायर था बस मैं तेरे साथ जुड़ा तो मेरा भी नाम हो गया...

67

है बड़ी ठिठुरन मुझे तुम छोड़ मत जाना प्रिये।
आरजू है मन मेरा तुम आज बहलाना प्रिये।
अधर अपने आज धर दूँ अधर पर तेरे अगर।
इस तरह मैं पा सकूँगा प्यार की मीठी लहर।
गीत तुमको प्रीति का अब आज है। गाना प्रिये।
है बड़ी ठिठुरन मुझे तुम छोड़ मत जाना प्रिये।
शीत की इस रात में तुम केश अपने खोल दो।
सिर धरो सीने पे मेरे प्यार का रस घोल दो।
दो घड़ी को बैठ लो तुम फिर चली जाना प्रिये।
है बड़ी ठिठुरन मुझे तुम छोड़ मत जाना प्रिये।
कर रही मदहोश गोरी चाँदनी यह रात है।।
आओ कर लें साध पूरी जो हृदय में बात है।।
नेह के मधु-नीर से तुम आज नहलाना प्रिये।
है बड़ी ठिठुरन मुझे तुम छोड़ मत जाना प्रिये।
साँस साँसों में उलझ कर आज तो रह जाएगी।
मधु-मिलन की यामिनी मुझको सहज मिल जाएगी।
तुम दहकते तन बदन को और दहकाना प्रिये।
है बड़ी ठिठुरन मुझे तुम छोड़ मत जाना प्रिये।

68

सर्द हवाओं संग तैर ले,
जाड़ों की धूप से क्यों हम बैर लें।
चिनार के पत्ते भी सुर्ख हो रहे हैं,
सर्द हवाओं के तेवर बदल रहे हैं।
झील भी ठिठुर कर ठिठक रही,
ठंड से सिकुड़ कर लहरें भी सिमट रही।
धूप की तपस जरा हम सेंक लें,
जाड़ों की धूप से क्यों हम बैर लें।
सुर्ख लाल चिनार आज कुछ भा गया,
यादों का बाजार हर तरफ छा गया।
बीती बातें भी जैसे हिचकोले खा रही,
मीठी यादें आज बहुत याद आ रही।
यादों संग हम भी जरा तैर ले,
जाड़ों की नर्म धूप से हम क्यों बैर लें।

69

मैं गाँठ हृदय की खोलूं क्या
मैं तुमसे लिपट कर रोलूं क्या,
तुम आँखों में सब पढ़ लो ना
मैं मुँह से आखिर बोलूं क्या,
ये इश्क मुहोबत प्यार वफ़ा
तुम छोड़ चले मैं ठहरूं क्या,
अभी राहों में अंधियारा है।
मैं संग साथ तेरे हो लुं क्या,
कई रंग उभर कर आएंगे
पलकों में निंदिया घोलूं क्या,
तेरी सांसों में मेरी सांस घुले
भीनी सी खुशबू हो लुं क्या,
हर कदम तुम्हारे साथ चलुं
हमसफ़र तुम्हारी हो लुं क्या,
आऊं तुमको तुम में मैं नजर
कहो आईने सी हो लुं क्या,
तेरा संग साथ बड़ा प्यारा लगे
मैं गोद में तेरी सो लुं क्या,
तुम जैसे हो बड़े प्यारे हो
तुम जैसी मैं भी हो लुं क्या,
नहीं ओर किसी की चाहत अब
तेरे नाम में खुद को कर दूं क्या,
मैं तुम से लिपट कर रो लुं क्या,, ,, ,, ,, ।

70

कुछ न कहने का मन है।
न कुछ सुनने का मन है।
देर तक पथराई रही आंखें,
आसुओं का बहने का मन है।
दृश्य ओझल हो रहे
दृष्टि भी खो रही
वेदनाओं के बोझ तले
सांस सांस रो रही
मेरे पास न आओ अभी
पीड़ाओं को समझने का मन है।
आसुओं का बहने का मन है।
आस की भी आस नहीं
कैसी भी कोई तलाश नहीं
में खुद ही खुद के पास हूं
बस और कोई एहसास नहीं
उम्मीद न जगाओ अभी
भरम का टूटने का मन है।
आसुओं का बहने का मन है।
ज्ञान क्या, अज्ञान क्या
धर्म क्या, विज्ञान क्या
मुझे रीतने दो स्वयं से
मर्म क्या और ध्यान क्या
कुछ न समझाओ अभी
मन का ठहरने का मन है।

आसुओं का बहने का मन है।

71

किन लफ्ज़ों के मानी ढूंढें, किस राह में अब आसानी ढूंढें।
ढूंढें कैसे किसमें अपने, अब किसकी कहां कहानी ढूंढें।
कुछ हर्फ़ों में कैद किया था, भूले बिसरे ज़ख्मों को,
फिर से इश्क़ के पन्नों में, दिल क्यूं वही निशानी ढूंढें।
उसको तो बस जाना था, यह इल्म भी हमको पहले था,
आंखों के इस सहरा में, फिर किसके खातिर पानी ढूंढें।
फिक्र की ज़ंजीरें न हो, न उलझन हो फिर जीनें में,
लौट के फिर से बचपन में, अब किस दिन वो नादानी ढूंढें।
बिखर रहें ख़्वाब भी अब तो, उम्र की इस लाचारी में,
माथे की इस सिलवट पर, अब कैसे वही जवानी ढूंढें।

72

हम नई अनुभूति के पंखों पे सौरभ बांधकर।
हम गहन संवेदना के उस उदधि को लांघ कर।
हम नए एहसास को परिधान देना चाहते हैं।
लेखनी तुझको नई पहचान देना चाहते हैं।
सांध्य क्षैतिज पर कोई इक लेख लिखता जा रहा।
यह सुधाकर देखकर मुझको लगे मुस्का रहा।
नील- नभ की इस छटा पर ध्यान देना चाहते हैं।
लेखनी तुझको नई पहचान देना चाहते हैं।
भग्न भावों की कड़ी को प्यार से मैं जोड़ता हूं।
मैं न बासी फूल भी अपने करों से तोड़ता हूं।
हर सुरभि-वाही को हम सम्मान देना चाहते हैं।
लेखनी तुझको नई पहचान देना चाहते हैं।
विपिन-वासी दग्ध जलते उन पलासों के तले।
चिलचिलाती धूप में निर्वाण सा मुझको मिले।
हर विषैले मन को हम शमशान देना चाहते हैं।
लेखनी तुझको नई पहचान देना चाहते हैं।
ओस से भीगी कली है। बाग में शरमा रही।
लग रहा जैसे सरोवर से नहा कर आ रही।
दिव्य सत्ता का तुहिन-कण ज्ञान देना चाहते हैं।
लेखनी तुझको नई पहचान देना चाहते हैं।

73

तुझे रोज़ इतना पढ़ा कि याद हो गये।
होना तो था हक़ीक़त ख्वाब हो गये।
मजबूरियों का हिसाब ना दे मुझे,
जितने दूर हुए उतने ही पास हो गये।
बिस्तर की सिलवटों से लगा ऐसे कि
कोई रात भर सोया ना हो।
तुम रात के हसीन से खयाल हो गये।
पढ़ा तुझे इतना कि याद हो गये।
पोशीदा पहचान रही तेरी हरदम,
पर हम सरेआम रुसवा हो गये।
तेरी चाहत में देख हम क्या से क्या हो गये।
पढ़ा रोज़ तुझे इतना कि याद हो गये।
नज़रें ना मुझसे फेर, बता ऐ हमसफर!
कमी क्या रही मुझमें कि बेज़ार हो गये?
एक जवाब छोटा सा माँगा था तुमसे,
तुम तो ढलती शाम से लापता हो गये।
पढ़ा रोज़ इतना कि तुम याद हो गये।

74

हमारे प्रेम की परिणति तुम्हारा साथ पाना है।।
प्रिये तुम जानती हो सब तुम्हें अब क्या बताना है।?
प्रीति के पथ पर निरन्तर बढ़ रहे हैं हम।
स्वप्न से सुन्दर मनोरथ गढ़ रहे हैं हम।
तुम हमारे साथ में चलती रहो प्रतिपल,
लक्ष्य के उन्नत शिखर पर चढ़ रहे हैं हम।
सोचने दो सोचता जो भी जमाना है।।
आँख में हैं स्वप्न तेरे प्रिय नाम अधरों पर।
आपकी स्वीकृति मधुर परिणाम अधरों पर।
मुस्कुराते से नयन जब बोलने लगते,
दिख रहा होता सुखद विश्राम अधरों पर।
बोलना कुछ भी नहीं बस मुस्कुराना है।।
तुम्हारी माँग में मैंने भरा सिन्दूर अपना है।।
तुम्हीं से हो रहा रोशन प्रिये हर नूर अपना है।।
सजाई माथे पर बिन्दी तुम्हारे पाँव में बिछिया,
तेरी चूड़ी तेरा कंगन प्रिये कोहिनूर अपना है।।
तुमको पा लिया मैंने नहीं कुछ और पाना है।।
मेरा संबल मेरा साहस कि जीवन संगिनी हो तुम।
सुखद अनुभूति होती है। मेरी अनुगामिनी हो तुम।
समर्पित कर दिया खुद को सम्भाले तुम मुझे रहना,
मेरे भावुक हृदय की एक केवल स्वामिनी हो तुम।
मुझे रख्खो हृदय में तुम वहीं मेरा ठिकाना है।।
हमारे प्रेम की परिणति तुम्हारा साथ पाना है।।
प्रिये तुम जानती हो सब तुम्हें अब क्या बताना है।

75

गुनाहों की माफियां मिला नहीं करतीं।
हवाओं के बिन पत्तियां हिला नही करतीं।।
नफ़रत के आग की तासीर ना पूछो,
यूं ही तो बसी बस्तियां जला नहीं करतीं।।
रिश्ते संभालना अकेले की नही बात,
एक हाथ से तालियां बजा नहीं करतीं ।।
जो लोग मुहब्बत से बस काम लेते हैं,
उनकी कभी आंखे गिला नहीं करतीं।।
शिद्दत से याद करता कोई किसी को जब,
कुछ देर तक ये हिचकियां रुका नहीं करतीं।।

76

प्रणय चाँद श्रंगार लिखूँ
या तुमको केवल प्यार लिखूँ,
पतझड़ के सूखे पत्तों पर
चंचल चाह दुलार लिखूँ।
सूखी पलकों की मेड़ों पर
क्या स्नेहिल एहसास लिखूँ,
पीली पीली मृदु सरसों पर
क्या पहला रतिरास लिखूँ।
पारिजात से स्वप्निल मन पर
अधरों की मुस्कान लिखूँ,
कुसुमित जुही, मोंगरा पथ पर
प्रीत परस अवदान लिखूँ।
शीत निशा की तरुण चाँदनी
भीगी भीगी रात लिखूँ,
या सपनों की सिकुड़ी चादर
पर मीठी सौगात लिखूँ।
रक्तिम अधरों के प्रवाल पर
पुलिन प्रीत अभिसार लिखूँ,
मधुरिम सिहरन की मदिरा में
भवि अश्रु अविकार लिखूँ।
तुझको लिखूँ कहाँ तक प्रियवर
नलिन श्याम घनश्याम लिखूँ,
नव उन्मेषित प्रणयन रंजन
स्नेह प्यास अधिमान लिखूँ।

77

तुम पर एतबार तेरा इंतजार किये जाते हैं,
बाहों में भर तेरी यादों को जिये जाते हैं।
करें शिकवा भी तो किसको जो तु पास नहीं,
तेरे अरमान से ही हम प्यार किये जाते हैं।
तेरे होने से ही ख्वाबों में रंग आते हैं,
झूम जाता है। ये मन एहसास महक जाते हैं।
सिर्फ तुम ही तुम आंखों में और कुछ भी नहीं,
हर उम्मीद एक नया आशियां बना जाते हैं।

78

हमारी आँख का पानी, कहीं पत्थर न हो जाए,
हमारी आदमियत एक दिन, बंजर न हो जाए,
कि जब तक साँस चलती है।, रखें इंसानियत ज़िन्दा
कहीं एसा न हो कि, मौत से पहले ही मर जाए।
किसी को दे के दुख, परिकल्पना सुख की न करियेगा,
जो बोया काटना होगा, जो करियेगा वो भरियेगा,
हमारे कर्मों का परिणाम, सब जर्जर न हो जाए
हमारी आँख का पानी, कहीं पत्थर न हो जाए ।
हृदय जो वेध दे वाणी से, वही अज्ञानी अभिमानी,
जो पढ़ ले वेदना आंखो से, मन की, है। वही ज्ञानी,
कि परहित में 'दधिचि' हम बनें, शायद नहीं सम्भव
मगर कर्तव्य पथ पर, है। जो सम्भव, वो तो कर जाए
हमारी आँख का पानी, कहीं पत्थर न हो जाए।
हमारी कथनी, करनी में, नहीं कोई रहे अन्तर,
यदि वक्तव्य हो उम्दा, करें हम आचरण बेहतर,
कि पहले बाँचने से ज्ञान, थोड़ा ख़ुद अमल कर लें
कहीं बातें 'कलन्दर' सी, और हम, 'सिकन्दर' न हो जाए
हमारी आँख का पानी, कहीं पत्थर न हो जाए।

79

मैं अपने अन्तिम समय में
किसी पागल की तरह
समुद्र के किनारे बैठ
उतनी बार लिखूँगा
तुम्हारा नाम
जितनी बार समुद्र की
लहरें उसे मिटाएंगी
जितनी बार लोग मुझे
पागल कह के सम्बोधित करेंगे
जितनी बार तुम्हारा नाम
मेरी आँखों से ओझल होगा
लिखते-मिटते, लिखते-मिटते
एक दिन मैं ख़ुद
तुम्हारे नाम के साथ
उसी समुद्र में लिख-मिट जाऊँगा
पर तुम रोना नहीं
न ही मेरे न होने का शोक मनाना
तुम मुझे ख़ुद में महसूस करना
मैं वहीं कहीं तुम्हें मिलूँगा
तुम्हारी आत्मा की अनन्त
गहराइयों में तुम्हारे साथ।
मैं किसी का कुछ उधार
नहीं रखना चाहता,
बहुत अधिक दिनों तक

मैंने वादा किया है।
मिट्टी से, हवा से, पानी से,
आकाश से और अग्नि से
सभी अपना-अपना हिस्सा
ले जायेंगे मुझसे
जब मैं यहाँ से विदा लूँगा...

80

नतीजा फिर वही होगा
सुना है साल बदलेगा
परिंदे फिर वही होंगे
शिकारी जाल बदलेगा
बदलना है तो दिल बदलो
बदलते कयूं हो चहेरे को
महीने फिर वही होंगे
सुना है साल बदलेगा
वही हाकिम वही गुरबत
वही कातिल वही ग़ासिब
बताओ कितने सालो में
हमारा हाल बदलेगा।

81

दिल धड़कता है मेरा तुम्हारे लिए।
पास आ जाओ बस तुम हमारे लिए।।
प्यार से बात तुम कभी करते नही।
सोचते हो कि हम तुमपे मरते नही।
जान भी हम तो दे दें तुम्हारे लिए।।
पास आ जाओ.............।
जाने किस बात पे तुम हो हमसे ख़फ़ा।
पूछता हूँ तो क्यों नही तुम देते बता।
क्यों दर्द देते हो इतना हमारे लिए।।
पास आ जाओ ....।
दूर तुमसे जरा भी न रह पाऊं मैं।
अब तू ही बता कैसे पास आऊँ मैं।
मेरा जीवन है सारा तुम्हारे लिए।।
पास आ जाओ ....।

82

जिनको क़द्र नहीं शब्दों की
उनको मेरा मौन मिलेगा !
शिखर चूमने वाले अक्षर
चरण वंदना नहीं कर सके,
स्वाभिमान है। शब्दों में सो,
गुमनामी में नहीं मर सके
रसग्राही मन शब्द – शब्द पर,
हँस सकता है। रो सकता है।
मेरे भीतर रह कर भी चुपचाप,
किसी का हो सकता है।
इसीलिए दुनिया कहती है।
शाश्वत हैं ये, शब्द ब्रह्म हैं
भावों पर वरदान – सरीखे,
इन्हें सतत उर-भौन मिलेगा।

83

कुछ ने झूठ कहा इनको तो
कुछ ने निरा खोखला बोला
कुछ शब्दों के मिले ज़ौहरी
जिनने भरा हृदय भर झोला
जिसकी रही भावना जैसी,
वैसा वह शब्दों से खेला
कुछ ने नीर बहाए दृग से,
कुछ ने इनपर किया झमेला
जबकि शब्द तो बहुत सरल है।
पावन है, यह गंगाजल है।
इनकी पावनता कहती
यह- इनसे सच्चा कौन मिलेगा।
कितना दर्द सहा नदिया ने
जब सागर को थाह नहीं है।
पत्थर पर हीरा मारूँ फिर ?
धत! ऐसी भी चाह नहीं है।
वैसे तो मिल ही जाते हैं,
शब्द – शब्द पर घोर प्रशंसक
किन्तु एषणा यह है मेरी,
पहुँच सकूँ मैं दिल से दिल तक
भीड़ भरी भारी दुनिया में कठिन,
नहीं है। इन्हें समझना
इन्हें वृथा कहने वालों को,
इनका आशय गौण मिलेगा।

84

जलते हुए चिराग बुझा के सोया कर।
जरा अपने जमीर को जगा के सोया कर।
सुना है गजब की ठंड पड़ रही है।,
तू आसपास कंबल, दबा के सोया कर।
हर रोज उनसे मिलने के ख्वाब देखता है।,
अपने दिल को थोड़ा समझा के सोया कर।
रख आईना, रूबरू हो जरा खुद से,
खुद से रोज नजरे, मिला के सोया कर।
सोता है जमाना, मगर तू जागता है।,
ये यकीन सबको, दिला के सोया कर।
खुदा ने अगर दी है। बेहिसाब दौलत,
तो भूखे को खाना, खिला के सोया कर।
खैरात बांटने की, गर औकात नहीं तेरी,
तो किसी प्यासे को पानी पिला के सोया कर।
जिंदगी है, जिंदगी में तकलीफे है हजार,
"अनुज" मगर सबकुछ, भुला के सोया कर।

85

अगर ख़िलाफ़ हैं होने दो, जान थोड़ी है।
ये सब धुआँ है कोई आसमान थोड़ी है।
लगेगी आग तो आएँगे घर कई ज़द में
यहाँ पे सिर्फ़ हमारा मकान थोड़ी है।
मैं जानता हूँ के दुश्मन भी कम नहीं लेकिन
हमारी तरहा हथेली पे जान थोड़ी है।
हमारे मुँह से जो निकले वही सदाक़त है।
हमारे मुँह में तुम्हारी ज़ुबान थोड़ी है।
जो आज साहिबे मसनद हैं कल नहीं होंगे
किराएदार हैं ज़ाती मकान थोड़ी है।
सभी का ख़ून है शामिल यहाँ की मिट्टी में
किसी के बाप का हिन्दोस्तान थोड़ी है।

86

तो क्या हुआ गर तुमने मेरी राहें रोक दीं
मंज़िल तो मुझे एक दिन मिलेगी ही सही
आज है। अँधेरा डगर में तो कोई ग़म नहीं
चरागों की जगमग एक दिन होगी ही सही
न मोहताज हूँ मैं कागज़ पर किसी मोहर की
मेरी काबिलियत एक दिन बोलेगी ही सही
तुम्हें मुबारक जलन तुम्हारी और मुझे जलवा मेरा
क़ामयाबी मेरा हाथ एक दिन थामेगी ही सही
बेशक आज हूँ गुमनाम और हुनर निखरा नहीं
चाँद की चाँदनी एक दिन चमकेगी ही सही

87

तेरे साथ के लिये सनम इस दिल ने क्या सहा नहीं
जो गिरा नहीं निगाह से वो अश्क़ अश्क़ रहा नहीं
तेरी राह में पनाह में सारी ज़िंदगी ये बिखेर दी
तुझे मान बैठे ख़ुदा सनम मेरा और कोई ख़ुदा नहीं
किसी ग़ैर के शहर में हम घर चाहतों के बसा लिए
ख़ता हमसे ये हुई सनम हमें तुमसे कुछ ग़िला नहीं
तेरी इक नज़र की चाह में बेचैन उम्र भर रहे
तन्हाइयों में घुल गए पर तुमसे कुछ कहा नहीं
बातें लबों पे थीं थमीं चेहरा मेरा था आईना
ख़ामोशियों का शोर था तुमने कभी सुना नहीं
तू रहा मेरी निगाह में मेरी ख़्वाहिशों में रहा नहीं
दरिया पिघल के दर्द का अभी आँख से बहा नहीं

88

कलमा जो तूने किया वो आज बारयाब हो गया।
ख़ुदा का शुक्र कर मैं तुझको दस्तियाब हो गया ।
सनम के नाम से मुझे पुकारते थे तुम सदा
निगाह तुमने फ़ेर ली मैं बे-ख़िताब हो गया ।
तुम्हारे इंतेज़ार में थे जाने कितनी लड़के
मैं ख़ुशनसीब हूँ तुम्हारा इंतेखाब हो गया।
किसी की क्या मजाल मुझको लाजवाब कर सके
मगर तुम्हारे सामने मैं लाजवाब हो गया ।
मैं क्या करूँ मेरा मिज़ाज ही अजीब है।
हुआ जो तुमपे मेहरबाँ तो बे-हिसाब हो गया।

89

मुहब्बत महज दिल लगाने से आये।
हुनर ये भला कब सिखाने से आये।
खता तब थी मेरी अगर याद करता,
मगर याद तुम तो भुलाने से आये।
न कितनी दफा आँख मूँदी, मगर तुम,
कहाँ बाज नींदें चुराने से आये।
जहन में कभी तो कभी दिल में मेरे,
वो तो जाने किस किस बहाने से आये।
ये अहसास हैं सिर्फ महसूस होंगे,
समझ में कहाँ ये बताने से आये।
कहाँ साथ लेकर मैं आया था कुछ भी,
सभी ऐब मुझमें जमाने से आये।
न दिल को दुखाने से वो बाज आया,
न ही बाज हम मुस्कुराने से आये।
मुकद्दर से मिलती है। चाहत न भूलो,
ये दौलत नहीं जो कमाने से आये।
अगर आते खुद से तो थी बात कोई,,
कि क्या आये गर वो बुलाने से आये।
जुदा है कहानी मुहब्बत की 'अनुज',
समझ ये न पढ़ने पढ़ाने से आये।a

90

नींद मर जाती है सपने कहीं खो जाते हैं
घर की चाहत में परिंदे कहीं खो जाते हैं।
गिर के दरिया हुए झरने कहीं खो जाते हैं
ख़ुश-निगह लोगों के चेहरे कहीं खो जाते हैं।
ज़ीस्त जैसे हो कोई शाख़ किसी सेमल की
फूल खिलते हैं तो पत्ते कहीं खो जाते हैं।।
तोड़ के ख़ामोशी नदिया जो उफन जाये तो
रोकने वाले किनारे कहीं खो जाते हैं।
तेरी आँखों में मेरी नींद भटक जाती है।
और ख़्वाबों के शिकारे कहीं खो जाते हैं।
शे'र का शे'र – सा होना है। तुम्हारी सोहबत
वरना तन्हाई में मिसरे कहीं खो जाते हैं।
आप फ़ेहरिस्त बदलते हो नयेपन के लिए
और नयेपन में पुराने कहीं खो जाते हैं।

91

वो जज़्बे सैलाब बना कर, भेज रहा है कागज़ पर।
नाव का मैने एक ज़ख़ीरा, भेज दिया है कागज़ पर।।
बरसों मेरे दिल की ज़मीं पे नक़्श रहा है इक सहरा,
जो गुलशन तुम देख रहे हो, नक़्ल बना है कागज़ पर।
चेहरे वो दस बीस दिखा कर मुझसे मिल कर लौट गया,
मैंने हँसता चेहरा बना के, भेज दिया है कागज़ पर।
आँखों में है। कितनी शिकायत, होंठों पर गुफ़्तार भी है।,
सारे गिले शिकवों का ख़ाका खींच दिया है कागज़ पर।
मेरे हैं कुछ ख़ास मज़ामीन, ख़ास तसव्वुर हैं मेरे
मैंने उन्हें अशआर बना कर रक़म किया है कागज़ पर।
कोई इशारा मत कर हमदम, लफ़्ज़ों को मत ज़हमत दे,
तेरी मंशा है वो अपना, हाल लिखा है कागज़ पर।
टुकड़े टुकड़े जोड़ के शब भर तेरी याद मुकम्मल की,
तुझसे बिछड़ने का आखिर इक, लम्हा बचा है कागज़ पर।

92

जमाने का चलन हैं क्या यही अखबार कहता है।
शहरों को पढ़ा लिखा गांव को गवार कहता हैं।
नहर, तलाबों, झीलों से सजा रहता हैं वो हर दम।
शहर के चुल्लू भर पानी को वाटर पार्क कहता है।
निभाये जा रहें रिश्ते हमेशा फोन पर रहकर।
जुड़े जो व्हाट्सएप, फेसबुक पर उन्हें परिवार कहता है।
जिन्होंने भार ढोया हैं निज संन्तानो का जीवन भर।
उन्ही बूढ़े माँ और बाप को निरा ये भार कहता है।

93

बाद में मुझ से ना कहना घर पलटना ठीक है।
वैसे सुनने में यही आया है रस्ता ठीक है।
शाख से पत्ता गिरे, बारिश रुके, बादल छटें
मैं ही तो सब कुछ गलत करता हूँ अच्छा ठीक है।
ज़ेहन तक तस्लीम कर लेता है उसकी बर्तरी
आँख तक तस्दीक कर देती है बंदा ठीक है।
एक तेरी आवाज़ सुनने के लिए ज़िंदा है हम
तू ही जब ख़ामोश हो जाए तो फिर क्या ठीक है।

94

तबस्सुम लबों का हज़ारों ने देखा,
उजाला मेरा चाँद तारों ने देखा ।
थपेड़ों ने क़श्ती को कैसे डुबोया,
तमाशा नदी के किनारों ने देखा ।
इबादत की जिसकी, अदावत उसी से,
बदलते समय को सितारों ने देखा ।
कभी हम मिले थे घड़ी दो घड़ी भर,
जिसे पर्वतों के नज़ारों ने देखा ।
लहू से नहाई थी सरहद हमारी,
ये धरती के ऊँचे पठारों ने देखा ।
गए क्यों निकलकर वो खुद के घरों से,
हक़ीक़त थी क्या चंद यारों ने देखा ।
गला फाड़ने से कहाँ कुछ मिला 'अनुज',
सियासत में जनता के नारों ने देखा ।

95

भिन्नताएं भले ही अनेक हो,
प्रकृतनुसार अंदर से एक हो,
सुंदरता भी सुकून देती है यारो,
जब अंदर से दोनों एक हों।
खिली खिली धूप में सुंदर सुंदर फूल खिले,
मन हो प्रफुल्लित जब दोनों साथ नेक मिले,
मत करो बुराई किसी की ईर्ष्या और द्वेष से,
खिलो सुंदर पुष्प सा जब कभी अनेक मिलें।

96

तेरी कैद से मै युही रिहा नही हो रहा,
मेरी जिंदगी तेरा हक़ अदा नही हो रहा,
मेरा मौसमो से तो फिर गिला ही फिजूल है।
तुझे छू कर भी अगर मैं हरा नही हो रहा,
तेरे जीते जागते कोई मेरे दिल में है।
मेरे दोस्त क्या ये बहुत बुरा नहीं हो रहा,
ये जो डगमगाने लगी है। तेरे दिए की लो,
इसे मुझसे तो कोई मसला नहीं हो रहा।

97

महकते गुलाबों जैसा होता है।
इश्क़ खुशबू की तरह होता है।।
एक मीठा एहसास होता है इश्क़,
ज़ुबाँ पर जैसे मीठा पान होता है।।
रंग चेहरे का गहरा असरदार दिखता है।
इश्क जब होता है, तो मन तलबगार होता है।।
किसी खूबसूरत हवा का झोखा दिल पर पड़ता है।
जब किसी की चाहत में दिल खूब बेताब होता है।।
एक आँखों में हरदम मिलने की प्यास होती है।
किसी खास महबूब का जब ख्यालात होता है।।

सभी कुछ पहले जैसा है कहीं कुछ भी नहीं बदला,
जिधर देखो तमाशा है कहीं कुछ भी नहीं बदला।
ये दुनिया का सँवर जाना, बुरे दिन का गुज़र जाना,
ये सब आँखों का धोखा है कहीं कुछ भी नहीं बदला।
वही बदहाल से दिन हैं, वही मुश्किल भरी रातें,
वही बदरंग दुनिया है कहीं कुछ भी नहीं बदला।
दबावों में, तनावों में, मुसीबत में, अभावों में,
ये सारा देश बिखरा है कहीं कुछ भी नहीं बदला।
बनावट में, सजावट में, लबों की मुस्कुराहट में,
वही झूठा दिखावा है कहीं कुछ भी नहीं बदला।

99

आप के लिए रख ली हम ने जाँ हथेली पर ।
हुक्म हो तो ले आऊँ आसमाँ हथेली पर ।।
आंधियो जिसे हम ने अज़्म से जलाया था।
वो चराग़ ए उलफ़त है। ज़ौ फ़शाँ हथेली पर।।
तुम को मेरी बातों का किस तरह यक़ीं होगा।
क्या निकाल के रख दूँ मैं ज़ुबां हथेली पर
कार ए ग़ैर मुम्किन को कौन कर सका मुम्किन।
क्या उगाओगे सरसों तुम मियां हथेली पर ।।
मेरा दर्द चुभता है। उस की बूढ़ी आँखों में।
देखती है। जब छाले मेरी मां हथेली पर।।
ऐ नफ़ीस करना है। सब को सामना उस का।
जो लिखा है। किस्मत ने इम्तिहां हथेली पर ।।

100

खुदगर्ज मुहब्बत का दीदार किया हमने
झूठे निकले वादे एतवार किया हमने
वो क्या जाने दिल उसका जीतने को
सजदा एकएक पीर मजार किया हमने
सुकून से इश्क में सोते पाया उनको
लम्हा-लम्हा अपना बेज़ार किया हमने
बारिश तुम समझें बरसते अश्कों को
आंखों को सावन हरबार किया हमने
उसके हिस्से नज़र हर एक दुआ कर दी
अपने हिस्से का इंतजार किया हमने।

"

अगर आप भी अपनी बुक पब्लिश कराना चाहते हैं तो 9554423693 पर बुक लिखकर व्हाट्सप्प करें।

इंजीनियर लक्ष्मी तिवारी